柯志恩的一對兒女

哥哥洪輔

被鑑定為「資優生」，但考試成績常讓人懷疑其可信度。嬰兒期被訓練得非常疲累，在他撕毀十本精裝小書、吃掉五張內頁插圖後，就發出「牛」及「帽」的單音節……。升上國中後，作者清楚知道，自己再不改變。兒子總有一天會去找心理醫師，並將一切過錯歸在媽媽身上。

妹妹洪軍

人稱小壯妹，氣宇軒昂、架勢不凡，三歲重達二十公斤。十個月大被一位號稱通達命理的歐巴桑說：「還好，『她』是男的，否則這個面相根本是武則天再世！」作者從壯妹身上看到自己骨子裡的「叛亂」因子，當年母親承受的苦難，她的孫女將幫她連本帶利討回公道！

洪輔

我愛讀書，但不愛教科書
我愛跑步，但不會是第一棒
我愛耍白痴，因此常被罰刷地板
我就和你一樣，可能不是樣樣都第一
但絕對是「優良」，因為我勇於做自己
搞笑無罪，認真有理
投我一票，讓我們重新定義「優良」

一個娘胎，兩樣個性

洪軍

我不愛讀書，只愛教科書
我不愛跑步，但總是跑第一棒
我不耍白痴，所以不被罰刷地板
我和你不一樣，因為我樣樣都第一
我不僅是「優良」，而且「卓越」
第一無罪，優秀有理
投我一票，因為我就是優良的定義

長大後的洪輔

小時候會在嗜好欄填寫「在家蠕動」、「發呆傻笑」的男孩，如今已經是建中三年級的優秀大男生。不變的是，還是一樣愛搞笑。

背景為建中紅樓

長大後的洪軍

綽號小壯妹的那個女孩，如今已經長成亭亭玉立的大女孩。不變的是，仍舊勇於接受挑戰。她決定留在美國舊金山進入八年級就讀。

未來趨勢學習 77

惡媽進化論

柯志恩 著

高寶書版集團

未來趨勢學習 77

惡媽進化論

（《哪個媽媽不抓狂》增訂版）

作　　者：柯志恩
編　　輯：鄭淑慧
出 版 者：英屬維京群島商高寶國際有限公司台灣分公司
Global Group Holdings, Ltd.
聯絡地址：台北市內湖區洲子街88號3F
網　　址：gobooks.com.tw
E-mail：readers@gobooks.com.tw〈讀者服務部〉
pr@gobooks.com.tw〈公關諮詢部〉
電　　話：(02) 2799-2788
電　　傳：出版部（02）2799-0909
行銷部（02）2799-3088
郵政劃撥：19394552
戶　　名：英屬維京群島商高寶國際有限公司台灣分公司
出版日期：2010年10月
發　　行：希代多媒體書版股份有限公司/Printed in Taiwan

國家圖書館出版品預行編目資料

惡媽進化論 / 柯志恩著. -- 初版. -- 臺北市 :
高寶國際出版 : 希代多媒體發行, 2010.10

面 ;　公分. -- (未來趨勢學習 77)

ISBN 978-986-185-514-1(平裝)

1.母親　2.親子關係　3.親職教育

544.141　　　　99015906

唯有父母親的耐心與熱情，
才能領導孩子們走出孤寂堡壘。
在漫長的人生旅程中，
多轉幾條岔路，一點都不算什麼——
孩子們終究會找到屬於自己的負責之路。

生氣有理　經驗共享

選擇孩子就是選擇混亂、煩雜、爭吵和真理，他們會用很多方法讓你明白，你很難做好母親這個角色，他們也會讓你理解，你絕不是想像中的那種優雅、能幹、敏銳的高度進化的人類。

這本書改寫自《哪個媽媽不抓狂》，事實上，繼第一本《母職心體驗》出版後，還敢再次提筆寫下兩個孩子的後續發展，其實內心非常的掙扎。他們都已進入結構性的競爭環境，所反應出來的學習成就無法證明我所信守的教育理論的有效性，反而處處挑動我的神經元，讓我在瀕臨發狂的邊緣中，惡媽的角色顯然必須有轉換，重新檢視自己內心的矛盾，用更「謙卑」的態度來面對孩子所帶來一連串的衝擊，期望他們未來，不須拿我的錢去找心理醫師，抱怨我所帶給他們的「創傷」，或者長大後寫書，批評我的惡行惡狀，讓我在年華老去時還要承受這等的「精神迫害」。

為了重新提筆記錄母子間的爭執妥協，曾花了幾個月到各大書局做「市場調查」。映入眼簾的斗大標題都讓我心驚膽顫，像《如何培育資優兒》、《讓孩子進入哈佛》、《培養孩子的領袖氣質》、《育兒魔法50計》等，大部份都是「育兒有成」的母親或父親，氣定神閒的告訴我們只要用對方法，讓孩子進入長春藤名校絕不是夢想，而事實上他們也做到了。我很想嘗試這些策略，讓自己可以在一個「充滿溫馨與愛」的環境，將兩個孩子「和平的」送進名校，但我知道自己絕不是那塊料，光是面對孩子的犯錯，要「給予鼓勵，不要苛責」這件事情，我就仍有「很大的努力空間」。當然，我家那兩小天性「批判」，絕不會照這些金科玉律任我擺佈。既然母子女三人都沒「本錢」遵循

「專家的建議」，我們只能在一連串的爭執、咆哮及妥協中找到屬於我們相處的生存之道。

就像心理勵志書籍，是給自覺還有希望的人看的一樣，所有教育的正面鼓勵對資質中等偏上的孩子最有效益，真正苦入絕境或極度無助者，看到這些「正向」的字詞很難感同身受。同樣的，如果家中的孩子已失去學習的動力，再精闢的育兒法寶也難以挽回。只要被賦予「家長」的角色，不管有沒有受過教育心理學的訓練，面對孩子的表現，所謂的「專家」也同樣充滿焦慮，並對與理論背道而馳的行為多了一份罪惡感。我就常常在罵完兒子後，站在講台上對所要談的教育原理感到極度挫敗。如果已深刻體驗到這一層，卻在面對學生或讀者時仍然高喊「快樂學習」、「愛的教育」，這就跟螢光幕前的名人，家庭關係已千瘡百孔，卻要營造「事業與家庭兼顧」的假象那般，沒有差別。

我認同所有親子書籍裡所提醒的「不要給予不切實際的期望」、「分數不代表一切」、「要能傾聽、包容」、「尊重孩子的想法」，這些都是「真理」。但身為母親，我更關切的是「為何我對孩子有這麼多的期望？」、「為什麼我這麼重視他的學業表現？」、「為何我會有這麼多的憤怒？」，這些在「為孩子好」的名義下，潛藏著多少母親的憤怒，而它的心理根源是什麼？當我們的心靈被焦慮及愧疚包圍時，我們其實失去活在當下的恩典。

經過這麼多年，我真的還敢提筆論述。在第一本書中，我寫道：「我與孩子的關係是在一連串的揣測妥協中漸次穩固」，過了這麼多年，我很慚愧的說，我仍然在做同樣的事，且穩固的關係顯然還不夠穩固，隨時在「修正中」，而且我相信，隨著年齡的增長及在浮動的社會價值中，親子關係會不斷需要「修正」，孩子的成長乃是依據自己的時間表，而不是可預見的模式，我們成人也須繞過許多個圈子，才能找到與他們共存的步調。親子關係的磨合，是我們這一世彼此都需要修鍊的課題。

我從母親的感覺出發作為這本書的主軸，可以說分享大於建議。裡面所提及的「真實案例」都經過兩位小主角的同意才寫出，尤其是老大那一連串挫敗的學習經驗，是讓此書內容豐富傳神的最大功臣。我可以說自己是一個很棒的老師，從學校的教學評鑑分數及特優教師的獎項就可以證明這一點，我也是一個很好的研究所所長，從學生給我卡片上感謝的話及熱誠的態度就可驗證，但我同時也是一個滿惡劣的母親，從我小孩時而怨懟的眼神就能充分感受這一點，這些都是我，一個真實的我，可以把學校工作做得好，但把母親角色搞得一團糟，就因為我不是那種輕鬆就能把孩子管教好，且滿懷愛心就能把孩子推向優秀的心理學博士，所以我應該很合適提供所知，把真實經驗寫出來與大家共享。當了母親，我們更需要彼此支援，而非比較。

每一個人的母職經驗都是相通但卻也是獨特的，在這麼多的育兒領域中，沒有人走的旅程是完全相同的，大家根據自己建構的劇本與孩子共同演出，有些人可以如協調的管弦樂團，奏完優美的旋律後，鞠躬謝幕，有些人卻常常走音或變調，讓整個樂曲荒腔走板，卻也可以精采的演畢下台。我們都必須完成自己生命的樂章，孩子會牽動我們旅程的走向，他們也同時教導我們學會焦慮、罪惡與憤怒。

這本書從兒子小學寫到國中再到高中，女兒從小學寫到國中，這個書寫歷程讓我再走一次爭執與妥協的現場，再一次體認母職的難為與喜樂。書中做了這麼多的「反省」，面對孩子，我的行為稍有「收斂」嗎？答案是肯定的。當我逐步釐清生氣的根源，遇到「刺激」時，出言的速度會減緩一些，罵人的語句會從十句降為五句，這就是「進步」，但要達到沒有情緒性的字詞，只有「愛的眼神與寬容」，可能要花上我一輩子的時間。

終究我理解到，我不是生個「好」孩子來養，而是生個孩子來讓我變得更「好」。

這麼長的試鍊，這麼多不按計畫的發展，這麼不完美的彼此，我只能回到最真誠的內在，想到他們從我身體滑落那一剎那的喜悅，以及我暗自對天發誓要一輩子保護他們的那份決心，當把那份本能的愛喚回來後，我發現擁有他們是我這輩子最好的資產！

謝謝洪輔、洪軍，我們一起加油！

親子交戰這齣戲，我們還要演個長長久……

第一篇

哪個媽媽不抓狂

一個娘胎，兩樣個性

壯妹天生氣宇軒昂、脾氣暴躁，猶記得她十個月大抱出門時，路上一位號稱通達命理的歐巴桑，對我抱以同情的說：「還好，『她』是個男的，否則這個面相根本是武則天再世。」

何謂「現世報」？那就是當你在教別人如何善用策略來學習及做好情緒管理時，你的小孩卻是你最大的案主，一步步逼你去檢視自己的所言所行，讓你陷入自我懷疑的錯覺中！

我的兩個小孩，老大念公立學校，老二念私立學校，為何有此「差別待遇」，除了考量兩人的「適性發展」，當然也有「實驗」的成分，藉由他們的親身經歷，驗證教育系統多元影響，豐富我的教學素材，反正孩子兩個，毀了一個，還有一個，不怕！

老大洪輔，在標準化的資優測驗中，被鑑定為「資優生」，但在學校的考試成績常常讓人懷疑測驗的可信度。當「資優教育學會」請我以學者兼家長身分去演講時，我只能心虛的拒絕，因為除了「資優生為何考不好」這個主題我能分享外，實在想不出對資優教育有何貢獻之處。

老二洪軍，人稱小壯妹，沒有資優測驗的加持，但在學校成績優異，走進她的教室，光環罩頂，充分感受「母以女為貴」的尊榮，但壯妹從小自我防衛機制強，凡事要求完美，情緒反應強烈，和她哥哥「平和混日子」的個性天壤之別，兩個孩子的成長過程，在在挑戰我熟稔的教育理論。

我深知理論和實務有所差距，但仍自以為是的將一些實驗應用在兩小身上，尤其是老大，可憐的洪輔，他的嬰兒期應該是非常疲累的，動不動就被拿來觀察分析，想當個吃飽睡足的嬰兒都不行，或許他在日漸成長中所展現的「混」功，是在填補他幼年失去的平靜。

無可否認的，雖然「擾人」，但是充分的刺激還是讓洪輔的認知發展在平均值以上。所謂充分的刺激，可不是什麼偉大的事，不過是每天「舞弄」他，抬抬腿、捏捏臉、親吻撫慰。當他身軀漸長，我便設計陷阱讓他充分攀爬；可以蹣跚步行時，佈置安全環境，讓他伸展四肢；可以稍加呆坐時，抱他在膝前，指著小書裡的圖片說：「這是牛奶，那是帽子」，在他撕毀了十本精裝小書，及「吃」掉五張內頁插圖後，就發出了「牛」及「帽」的單音節了。

我躭溺於這個「刺激——反應」的過程中，看到小小的肉球有所反應，就興奮不已。洪輔的大腦皮質應該很豐厚，因為隨時處在波動狀態，難怪往往一覺到天亮，至今沒有失眠問題。或許他的心智能力在不斷刺激誘導下長足發展，「聰明」的形容詞永遠跟著他，但「不夠積極」的評語也常伴左右。

他充分反應了「聰明孩子卻學得不夠好」的盲點。而他一連串脫軌的學習歷程，也建構了母子爭執大戰的劇本雛型。在他身上，我從質疑到修正，一路跌跌撞撞苦不堪言，但也替被奉為信條的理論，注入人性化的元素，讓我更貼近「教育現實」。

小壯妹晚哥哥四年出生，恭逢其時，她的娘老了，也玩累了，無力在她身上操兵演練，所以她安穩的抱著奶瓶，靠著自然呼吸而長成像「大樹」一般碩大。不過較精確的說法是，壯妹天生氣宇軒昂、脾氣暴躁，大家實在「惹不起」，不敢在她身上造次。

猶記得她十個月大抱出門時，路上一位號稱通達命理的歐巴桑，看著她眉頭深鎖、眼睛炯炯有神、天庭飽滿，對我抱以同情的說：「還好，『她』是個男的，否則這個面相根本是武則天再世。」為娘的心中泣血，一方面對把壯妹生成這樣深感自責，也為武則天的風華再現，心中感到深沉的焦慮。從她的神態中，我看到自己初始「叛亂」的基因，當年母親為我承受的「苦難」，她的孫女，將會幫她討回公道！

壯妹胃口好，三歲時體重已飆到二十公斤，當全家飽受夏蚊之苦時，往往可在她的肉層中找到蚊子的殘屍。她個性好強，意志力堅定，當被告知「過胖」時，她可以三歲之齡，站在7-11超商門口，告訴自己不再買零食以節食，並在大熱天去跑操場，因為流汗可以減肥，在三年內讓自己只增加兩公斤，「瘦身達人」的封號，捨她其誰。

除此之外，參加任何活動，壯妹一定全力以赴，哪怕是無聊得要死的園遊會闖關遊戲，她可以全身在黃土上翻滾，只為拿到一張小貼紙。試讀任何才藝課程，她一定全神貫注到流口水，仔細的完成每一項任務，嚴謹的態度，往往讓才藝班老師降價延攬，因為在她身上最容易看到「績效」。壯妹每天設定好鬧鐘叫大家起床、設計讀書計畫表、幫同學處理疑難雜症、種花種草做觀察報告，澈底展現積極自主的活動力。

當然，小壯妹優秀表現的背後，有的是情緒困擾及自我防衛力過強的問題。由於太重視外在成果，她只喜歡做自己有把握的事，對於別人給她的糾正，會顯得不耐煩且不願修定，同時自我保衛性過強，容易曲解別人的意思。例如我對她一些「可愛且蠢」的行徑發出無意識的微笑時，她會解讀為「我在取笑她」。

小二暑假參加一項戲劇營活動，在最後成果發表中，主辦單位從近一百名小朋友選出表現最優的十名，為降低排名壓力，主辦單位給不同名次冠上可愛的封號，如「最佳風趣獎」、「最佳演出獎」等，唱名到最後，也就是所謂的第一名，小壯妹雀屏中選，但給的頭銜是「最佳紅不讓獎」，壯妹在眾人掌聲中，皺著眉走上台去，我看到她眼角泛著淚水。

下了台，她獨坐一旁，納悶的說：「為什麼叫『紅不讓』？是不是他們認為我姓『洪』，而且都『不讓』東西給別人？」當下，為娘的真是「臉上三條線」，不管是白痴造句或腦筋急轉彎，我家的壯妹也把人性看得太負面了吧！

類似狀況，在日常生活中層出不窮，我須耐住性子，紓解她的情緒。為何她有這麼多的「憤怒」？為何給自己壓力？同一個娘胎，相似性的對待，兩小為何會有迥然不同的個性表徵？我不斷思索著……

壯妹從小自傳的「嗜好欄」裡，填的永遠是「閱讀、彈琴」等「正當」休閒活動，洪輔哥哥則是大筆一揮寫上「在家蠕動」或「發呆傻笑」等登不了大雅之堂的字眼。哥哥在升上國一的「優良學生」競選海報上，為了與其他學業永遠第一的候選人做區隔，寫下：

我愛讀書，但不愛教科書
我愛跑步，但不會是第一棒
我愛耍白痴，因此常被罰刷地板
我就和你一樣，可能不是樣樣都第一
但絕對是「優良」，因為我勇於做自己
搞笑無罪，認真有理
投我一票，讓我們重新定義「優良」

眾人閱畢，認為此文可保留給壯妹未來使用，只是詞語要顛倒過來，變成：

我不愛讀書，只愛教科書
我不愛跑步，但總是跑第一棒
我不耍白痴，所以不被罰刷地板
我和你不一樣，因為我樣樣都第一

我不僅是「優良」，而且「卓越」

第一無罪，優秀有理

投我一票，因為我就是優良的定義

不管我家這兩寶的基因如何不同，為娘的所承受的苦難是一致的，都必須為孩子的行為找到因應的策略，這些年來，自己對他們的學習歷程歸納出一點小小心得：

資優的孩子不見得考得好

考得好的孩子不見得情緒好

家有資優和考得好的孩子，不見得過得好

家有考不好和情緒不好的孩子，不見得過不好

若要親子關係好，媽媽就要管得少

若要孩子考得好，親子衝突少不了

孩子與母親的互動歷程有太多太多學習的空間，它涵蓋了貼心的體驗與恐怖的挑戰，我時而氣得抓狂，時而感動落淚，這個修練的過程讓我更貼近真實的自己，一條起伏不定的路途，即使是現世報，基於佛家所言，善有善緣，惡有惡緣，我仍會把這個母子母女情緣好好善了，下輩子彼此角色互換，大家平和過日子吧！

資優生的毀滅與再生

「資優」和「智障」，
兩者都不屬於常態分配下的「正常人」，
都需要額外的耐力和心力來灌溉支持！

一個吹著微風的四月天，我家老大洪輔，那時為小二即將升小三的年紀，放學跳上車，遞給我一張學校通知，上面寫著「貴子弟通過資優檢測，成為資優班觀察成員，……。」

文字在跳躍，對於我「塑造出來的成品」，內心有無法壓抑的狂喜。殊不知所謂「資優」的火苗只在那一剎那綻放出光芒，之後便是無煙的灰燼，需要無盡的煽動，才能再冒出火花……

我望著洪輔那張稚嫩的臉龐，請他陳述甄選的過程，他用一貫「無知」的口氣回應：「不知道耶，第一次，老師叫了班上差不多十位小朋友出去，給了我們六十題圖形題目，就很像你在7-11給我買的那些六十五元的機器模型，裡面的說明圖，每次都看不懂，十個步驟永遠少了四個步驟，都要靠自己想，才能拼出來，那些題目就像那樣……」

唉，相對於他幼稚園同學，那些動輒上千元，每個組裝過程都用圖解描述得清清楚楚的日製模型，我家兒子對自己的便宜玩具，只能靠想像力，從密密麻麻，亂寫一通的拼裝步驟，自尋解決之道，沒想到練就一身解圖功力，在資優測驗中竟發揮效用。我終於知道，勤儉不僅是美德，也是創造力的來源。古有名訓，真是有理！

「接下來還有考哪些東西？」我好奇的想知道一切過程，他開始不耐煩的回應：「第二次我們這一班就剩下兩個小朋友被帶到一間教室，由一位大姊姊問我好多問題，有數學的，常識的……，還用碼表計時，好難好難哦，我講什麼，她就記錄什麼，而且都不笑……」

「如果你不會的，怎麼辦？」

「我就亂掰啊，像她問義大利首都是哪裡，我不會，就反問她，我知道埃及首都是開羅……，妳怎麼不問這個？」

「她問我『什麼是行政立法』，」我就說：「我們是小朋友耶，這是大人的事吧！」

誰說鬥嘴不好呢？他這好辯的精神對入學分數有無幫助，不得而知，但起碼讓他在觀察記錄本上沒有留白。

顯然的，洪輔不太有興趣和我討論這個話題，對於自己進入資優系統也沒有太大的反應，反而是為娘的我沉浸在喜悅中，好像是我考上資優班，而不是他……。我在公開演講中告誡父母，過度期望有時會危害孩子的發展，而我卻一步步在現實中驗證這句話的殺傷力。

升上三年級後，洪輔每天晨光時間就帶著一枝鉛筆到他的「資資班」（資優資源班）練功，班上還有一位聰穎的女孩與他同行。相對於她的慧黠穩重，洪輔就彷如《灰姑娘》中，為仙杜瑞拉小姐駕南瓜車的那隻老鼠般浮躁外放，當兩位資優生被放置在同一個天平評比時，我家兒子絕對會是失去重力的那一方。

在接下來的日子裡，洪輔靠他的「混」功，在班上課業表現維持「平盤」，考試分數完全彰顯不出他資質的優異，倒是「你這麼聰明，為何不積極點……你可以更好……」的話語變成我和他老師的口頭禪，每天都被當成大悲咒搬出來唸上幾句。被唸煩了，洪輔就回一句：「我希望自己笨一點，你們對我就不會有要求了！」當然，這樣子的抗議，不會引發我任何的自省，我自動把它歸類為「對自己的不當行為尋找合理的藉口」，母子之間持續了一段因認知分歧而導致的灰黑色關係。

升上五年級，我開始有了不知名的深切焦慮，彷彿用放大鏡來看待洪輔在學校的一舉一動，我甚至在他第一次月考前一個禮拜，搬了椅子坐在他書桌旁，盯緊念書的每一個流程，從來不買的參考書及從來不做的機械性演算，現在紛紛出籠應戰，印象中這輩子從來沒有為自己「讀書」這檔事這麼積極過，而現在我到底是為誰辛苦為誰忙？

發考卷的那天下午，洪輔一上車，我急切的問：「數學幾分？」

「你會把我罵慘……」洪輔怯怯的回應。

「幾分？」我的聲音已提高八度。

「84！我不知道為什麼會這樣？」洪輔的淚水已湧出。

「What？怎麼可能……？」我在歇斯底里中已忘記自己用了多少失望的字眼來否定他的一切……

在接下來的日子裡，我「再接再厲」的擬訂「共讀」計畫，對他的作業、家庭聯絡簿緊咬不放，心底還期望著下一次考試快快到來，因為我一步步等待著「翻盤」的機會……

是的，在那當下，我竟用兒子的成績驗證自己的能耐，只因這次的考試有我心血的投入，而我不允許這個過程失敗！洪輔的分數已化約為我對自我能力的挑戰，一個失焦的挑戰！

期末考終於來臨，我等著驗收……

洪輔的數學成績——78分！

一個數理資優生，他的淚眼決堤，而我也崩潰了！

不過是個小小的考試分數，我為何失控至此？洪輔的數學分數對我的意義是什麼？我傾全力把注意力放在他學業表現的背後意涵為何？我熟背分數不能反應個人能力的教育原理，但我仍放任自己，以分數作為評斷洪輔好壞的唯一標準，我到底出了什麼問題？我到底想從兒子的分數中證明什麼？

找不到問題的癥結，所以找了好朋友，任教於建中的數學老師聊天。

「妳都怎麼教那些聰明學生的？」我問。

「我哪會教？我是師大數學系的，那些學生是要念台大醫科或電機的，光是聯考分數就差了一百分，我哪能教？」她一派安詳的回應。

「那學生有問題問妳怎麼辦？」我好奇的問。

「我就教他們回去自己想，他們回去後，我就死命的解題，可是那些人都比我早一步，然後說『老師是不是這樣？』」

「妳都怎麼回應？」我忍不住笑了。

「我當然是沉住氣，穩穩的說『就是啊，這種題目自己想就對了，哪裡輪得到老師來解！』，每次我都趁機偷學幾招，真不知這些人的腦袋是怎麼長的，那麼厲害！」

「妳就靠這一招半式走天下，那妳的貢獻是啥？」

「我的貢獻就是不去阻礙，他們的腦袋瓜自有一套運作系統，不講太多、不干涉太多就是貢獻！」

這一套似是而非的歪理在此時此刻對我而言就是真理。

我的強行介入已讓洪輔失去自我控制機制，他不需思考，我給他什麼，他就等著回應，我不給刺激，他就不用有反應，一切照著我的步調就好了，我承擔起他所有的學習責任，再反過來責罵他不主動積極，我讓他的腦袋瓜充斥著我的思維軌跡，再罵他混日子不去思考。在我的強勢主導下，他的腦袋瓜不用自行運作，最後便自廢武功。

我清楚的知道，自己再不改變，我家兒子將來就會拿我的錢去找心理諮商師尋求輔導，對著我的同業，罵著他的媽，將一切的錯歸在我身上……

有了這一層覺悟，我別無選擇，有些孩子可以在母親或自我要求下，按著步驟，找到自己潛力發展的所有可能。我家的兒子是要在混亂中自掘他的軌跡，我可以陪伴、可以等待、可以要求，但不能過度介入。

當然這個過程不全然是我的「放手」，最大的關鍵是我們承認自己的不足。洪輔事後分享，他最怕「努力」兩個字。當別人告誡他，你只要「多用點力，表現就會一級棒」，他擔心如果他盡了全力，但表現不如預期，是否對他僅剩的「聰明」是一項質疑？這就如同要一位超級名模，承認自己是經過抽脂動刀才能擁有曼妙身材一般的難堪。所以他寧可耍白痴，當小丑，分散注意力，對自己的成績表現出漠不關心，以防衛他的能力價值。

題目簡單卻考不好，不會只是「計算粗心」那麼單純，這中間涉及概念不清或邏輯有問題，即使是數理資優生，如不能給予自己時間消化，紮實的做基礎演算，下場是很悲慘的。

當洪輔可以大膽的說：「這個題目很簡單，但我不會時」，他已經願意面對他的不足，並且覺得「輕鬆」不少。

「資優」的緊箍咒，讓我們忽略了紮實學習的本質。

在這個歷程中，我的「節制」與「體認」換得的酬償，在心靈面上，是母子關係漸入穩定，朝向親近，在實質面上，洪輔在次年，也就是六年級的北市資優數學競賽中榮獲一等獎。升上國中，其數理科目維持一貫高水準演出，對他而言，數學從此再也不是問題。他似乎獲得了「平反」，而我也獲得了「平靜」！

資優生的光芒從此再現？我不知道，也無力在乎，如果為了那餘燼徒冒的資優火花，而要再去搧風點火，我寧可享受那滅熄後的餘溫，因為它雖不耀眼但卻實在！

「一切都是為你好！」

母親對孩子的情緒是流動的，
它可以在任何時候從狂怒轉變成大笑，
讓中間夾帶的爭吵事端變成遠古的歷史，
不像對上司或老公的怨怒可以存放許久，直到找到出口為止。

英國女性主義作家費・威爾登（Fay Weldon）講過一句名言：「不生小孩的最大優點是妳可以繼續相信自己是好人；一旦有了小孩，妳就會明白戰爭是怎麼打起來的。」而這場戰爭不僅是手足之役也是親子之戰，無法分出勝負，且永無止境。

我一個朋友在電話裡狂吼：「我快受不了，我真想掐死我的小孩，你永遠無法想像他做了什麼事。」

「你可以把他吊起來，給他吃討厭的吐司片及白開水。」我回答。

「不要，他沒資格吃吐司。」

「那就給他吃長黴的吐司屑。」我給了進一步的建議。

「不行，我要讓他死的很難看，我氣死了……」

「你會被逮捕的，這樣我們週末就不能共享下午茶了。」

我們繼續開著玩笑，掛上電話，我想，兩個女人心情應該都會放鬆不少，藉著反諷與幽默，我們又度過一次困難的時刻。當一位母親必須開掐死兒子的玩笑才能確切表達自己的體驗時，那種憤慨是觸發身體每一吋神經的。慶幸的是，母親對孩子的情緒是流動的，它可以在任何時候從狂怒轉變成大笑，讓中間夾帶的爭吵事端變成遠古的歷史，不像對上司或老公的怨怒可以存放許久，直到找到出口為止。

幾乎在每一刻，教養子女都包含了美好與恐怖的雙重特性，而自責與責備則是伴隨這段期間的基本元素。母親認為自己是全能的幻想，是她所有憤怒及焦慮的來源。

身為母親，我們往往會認為孩子的行為必須在我們可以掌控的範圍才是安全的，當場面失控時，我們便陷入無助與憤怒當中。

洪輔在升上五年級時，一些脫序的常規如功課未訂正、該繳交的課外補充資料完全是「動機性的遺忘」，這些均讓我隨時處在抓狂的情境中，母子關係也因此降到冰點。

我不斷要求他改進，美其名與他溝通、講道理，最底層的真實面，其實是要他和我自己的看法一致，遵照我的做法。在親子角力賽中，我完全違反了教育專業，忽略他的思想與情感，我把控制他讓他行為得宜，視為自己的責任，但卻完全無法控制自己的角色定位與權力慾。對於孩子，我發揮太多；對於認清自己，我卻發揮得太少。

在洪輔為自己的權益而辯，我為自己的權力而爭的一連串劇碼中，終於爆發最激烈的戰役。那是一個週四的夜晚，接連兩個媽媽打來詢問如何填答自然老師兩星期前所發，共78題填空的「氣象」學習單，面對明天的繳交期限，認真的媽媽對找不到答案的幾個空格，代替兒子來做專業的諮詢，而我則是完全在狀況外。

「我怎麼不知道有這份作業？」山雨欲來的情勢逐漸在醞釀中。

「我有在學校寫……」洪輔微弱的回答。

「我不相信，你這些資料要上網才找得到答案，我從沒看過你作，把學習單拿出來！」我覺察自己的聲音因為生氣而發抖。

「我放在學校……」

「明天要交，你沒有作任何準備，還敢放學校……」

我發覺自己的聲音已可用「淒厲」來形容了，洪輔閉著雙唇不發一語，那一連串的古老台詞「不負責任，不尊重自己……」流瀉而出，眼角瞥見他那一根斷棄的大提琴弓，隨手拿起，「啪」的一聲落在他的手掌心上，那具有彈性的琴弓在空氣中所迴盪的聲波爆發點，至今仍讓我心悸難平，洪輔狂吼一聲：「我出去好了！」急速的下樓聲，讓我在噤愣十秒後，狂追而去。

只見他在樓梯口，掩面而泣。那受傷的小小背影，模糊在我止不住的淚眼中，一張未完成的學習單，在盛怒下隱忍著多少未解的母親之怒及孩子之怨，他透露著家庭運作機制出了問題，問題在哪？我輕輕叫了他一聲，兩人在未開燈的樓梯口相擁痛哭，那一夜的星光在隱暗中仍閃爍著幾許光芒。

那一夜，我輾轉難眠。

情緒過分的發揮顯示家人間不獨立的關係。

我過度焦慮兒子無法在期望的時間內成為學習獨立的個體，憂愁他升上國中後馬上要接受聯考的檢驗，現在如果不把態度規範好，往後如何能循序發展。我把兒子的學習時間表完全擠壓在兩三年時間，不管他的情緒反應為何，只求看到成敗結果，我花費不成比例的關注在他單一的學習面向上，狹隘的連我都喘不過氣來，更何況十歲出頭的孩子。

把自己的壓力投射在孩子行為上的另一種典型，就是想辦法讓自己的孩子有傑出的表現，以彌補自己在日常生活中所遭受的挫敗。

那些日子，我被升等論文、娘家瑣事逼得喘不過氣來，用激動的情緒與爭吵來面對焦慮，面對兒子的學習，不斷嚴厲告誡、重複發怒，雖能藉此暫緩壓力，卻使舊有負向互動方式持續不斷。最重要的是我並沒有提出協助兒子的方法，訓誡完後，任他「自生自滅」，親子關係面臨挑戰，但對學習成效一點改進也沒有。

在一句「一切都是為你好」的至理名言下，父母對孩子的惡行、責罵都找到合理的藉口。對孩子的吼叫，何嘗不是對自我當下或過往所承受壓力的一種宣洩，當我們無法處理自己的情緒時，孩子就是最好的箭靶。

釐清自己所承受的壓力源後，接下來是如何把「想清楚」的結果反應在與洪輔關係的改善上。既然訓誡只讓我被類歸為「瘋媽」一族，無法讓兒子體會我的焦慮，何不冷靜優雅的陳述我內在真實的感受，讓他明白我最確切的想法呢？

保持緘默不是我的風格，當我無法對在乎的問題採取立場時，我會失去自我。換言之，我無法漠視洪輔的不積極，但我會在責罵出口前自問：「真正的問題是什麼？」、「我想要達到的目標為何？」先釐清自己的目的，不要像潑婦罵街一般加速肌膚的鬆垮，跟這群猴兒鬥氣，我們是完全沒本錢的。

接下來提醒自己盡量沉住氣，學著用以「我」為主詞的說法，像是：「我覺得……」、「我怕……」、「我想……」，而不是「你怎麼都不……」、「你總是……」等以「你」為主詞的用語。語言的奧妙在於，當我們以「你」為開頭時，聲音大且直接，很難有轉折的情感釋放出來，而「我」的音調則是比較內斂，聽起來就是比較和緩。

最重要的是，真正的「我」句型說明了自我的感受，而不去揣測或過度解釋洪輔的想法，我只對自己的陳述負責，兒子的感受不用我來推論，如果對他的心思猜測錯誤，又擺出一副什麼事都瞭若指掌的模樣，不僅降低我的說服力，也讓對話毫無交集。

對我這麼急性子的人而言，這些改變不是件容易的事，但我清楚「歹戲拖棚」，如不妥協，不改變我們對話的模式，這齣母子對立的戲碼將會演到天荒地老、人去樓空，悵然且無建設性。

媽媽的憤怒，幫助我承認自己對事情認識不清、責任負擔過重，導致身心失調。了解憤怒的根源，就不會將怒氣投射到不相干的事務上，對事情做過度的解讀。親子間的爭執反應了父母內在的焦慮與無力，但也可視為再一次成長及改變的動力，如果抑制不住憤怒，那麼就大聲對孩子「吼」出自己的感覺吧，起碼那是一場有建設性的「吵架」！

59分小孩造就99分媽媽

選擇小孩就是選擇混亂，
他們會讓你知道你無法做好母親的職務，
也同時讓你理解，你不是如自己想像中，
那種思考清楚、俐落、親切且高度進化的人類！

洪輔和壯妹出生後，我的朋友圈就以具有媽媽身分者為最大公約數。私立學校的媽媽除了孩子的話題外，還有流行，要知道台北最「in」的包包為何，學校日那天站在校門口十分鐘，就能感受時尚風華。

公立學校的媽媽，談論的話題除了孩子，還是孩子，學校日在教室坐十分鐘，就知道台北補習名師有哪些。我悠游於這兩種不同教育體系的族群中，擷取訊息菁華，「鞭策」兩小，「美化」自己。

不管懷抱何種教育信念，所有的母親都會以孩子的利益為優先考量。對孩子要求的背後，當然也夾帶著媽媽個人生命歷程中被對待的方式。

如果是在完美主義及有條件的愛下長大的母親，她替孩子設定的標準會和自己設定的標準一樣嚴厲，如果沒有達到，她會「代替」孩子感到沮喪和生氣。

如果母親本身不是完美主義者，但她希望孩子達到完美，也就是期望孩子修正自己過去被責罰的缺點，進而「加倍討回」屬於自己的榮耀，那麼孩子的挫敗將會在意料之中。

父母在原生家庭與兄弟姐妹所建構的故事，會反應在對待孩子的態度上。

我的好友羅萍，她要求自己那位出類拔萃的女兒，極力掩飾自己的光彩，低調謙卑不強出頭，其焦慮的理由是，她有位如鑽石般閃爍光彩的姊姊，因為從小備受注目、嬌寵外放，最後成為不負責任又有問題的怪怪美少女，她忘不了那段全家因母女關係惡化，而隨時處於備戰的壓力。羅萍擔心她的女兒複製自己姊姊的模式，因此對其一舉一動均嚴加防範，親子關係劍拔弩張，結果自己及女兒都沒有能力處理個人成長的挑戰。

羅萍後來告訴我，她內心其實很矛盾，一方面希望女兒能為她找回自己童年被忽略的地位，一方面又害怕女兒與她的關係會複製姐姐與母親的相處模式。不斷在自己的家庭劇本中防堵不利因子，完全不去考慮女兒是一個獨立的個體，可以撰寫自己的劇本，不需延續前情提要，他們的母女關係至今仍在「持續修復中」。

這樣的狀況也投射在父子關係中。當一位事業有成、負責認真的父親，面對兒子功課忘記帶、晚回家卻沒有打電話等行為，反應就很強烈。這位父親在孩提時代可能就十分負責，使得自己沒有童年可言，一輩子如小大人一樣，情緒受到壓抑，對於兒子的任性是激憤再加一點嫉妒（別懷疑，父親是會嫉妒兒子的）及擔憂，這些混雜的情緒，便化約為一連串的父子對立。

家長或許自己不想追求完美，卻希望孩子能有追求成功的企圖心。這種自己出一張「嘴」，卻要孩子身體力行的方式，往往引發親子間的矛盾。

有一次，接送洪輔回家時，順道載了他的同學；在車上兩人互吐苦水，這位文武雙全的男孩不經意提到：「我最討厭我媽說『我們一起來做這個練習，我們一起來做那些事……』她每次都說『我們』，但真正承受壓力的是我，考試的是我，考不好被罵的也是我，她只在旁邊動口，我才不喜歡『她與我同在』，我只希望『她人不在』！」

這位男孩的母親是某大學教育系的教授，這又再次驗證，所謂的「專家」，不是「專」門害人「家」就是「專」門不在「家」，對別人家的學習，或許可以提供專業上的建議，但面對自己的孩子，理論則是隨時在「修正」中。我深刻體會這位母親的焦慮，專家的身分讓她用「我們」這種「教育」的語言來「襯托」對兒子高標準的要求。

前陣子，一位替許多大明星治療憂鬱症的精神科醫師燒炭自殺了，大家最大的質疑是他可以幫助別人走出憂鬱，自己卻無法跳脫，他的專業還可信嗎？幫得了別人為何幫不了自己？

就是這樣的思維，讓所有從事教育工作者都承受些許壓力，如果自己的孩子教不好，如何去教別人家的孩子？或告訴別人怎麼教小孩？我曾經有短暫的時間困惑於這樣的迷思中，但不久便調適過來了。每個孩子都是獨立的個體，沒有一套公定的教育方法可適用於每一個人，我今天在某場演講中所提及的策略或許對自己的孩子無效，但可能對其中幾個聽眾有效，只要誠心的「分享」教育經驗，承認自己也有無助、需要協助的時候，這個歷程就是有價值的教育。別人或許會用放大鏡來檢視我孩子的「成就」，驗證我言行的可信度，如果不能有所自覺的擺脫別人的眼光，我和孩子都會「萬劫不復」。

在孩子面前，所有母親不管身分角色，所修練的生命課程都是一樣的。選擇小孩就是選擇混亂，他們會教導你，讓你知道你無法做好母親的職務，也同時讓你理解，你不是如自己想像中的那種思考清楚、俐落、親切且高度進化的人類！

透過孩子活出另一個自己？如果沒有被提醒，每個父母的內在都會渴望，透過孩子，活出一個完美的自己，當年不敢承受的挑戰，或已享有的榮耀，都希望在孩子身上重生，「培養孩子」比「自己面對」容易多了。

許多父母提及，當投注許多心力在孩子身上後，要他們承認孩子沒有想像中的有才華是件不容易的事，他們困惑於「已經給了他們最好的，為什麼還這麼不長進？」當父母不能切割自己與孩子成敗間的關係時，表示已經投射過多內在期望在孩子身上，「恨鐵不成鋼」，往往反映出自己的野心，「透過孩子活出自己」，通常造成傷害。

過去接受我們輔導的孩子一直懷抱著「罪惡感」，因為他們認為自己永遠達不到爸媽的期望，只能以「逃避」做為回應。

要孩子符合期望，就要他們有心理準備，包括心理上和能力上。父母親可以對孩子「坦承」他們的期望為何，在孩子可以接受的範圍內，再來看看哪些是合理的，期望的合理性當然與孩子本身的能力有絕對的關係。你希望孩子在「機器人大賽」中得到佳績，孩子卻只想玩玩機器人，不想做太多耗費腦力的事情，當親子之間對期望產生落差時，就必須妥協，共謀對策。

大人可以考量孩子的優點與短處，以機器人為例，為孩子分析，他的組裝和創造力不錯，但耐心不足，朝比賽的目標前進需要一點推力，孩子可能趁機要求，需要更「先進」的道具才能激發參賽的動力，父母在此時就可加入決心和努力等元素做討論，如果購買新的機器人配備，他是否可以「配合」堅持下去，萬一半途而廢該怎麼辦？

這些細節的討論，不僅清楚呈現大人的期望，也化解孩子不知如何達成期望的焦慮，當然孩子即使做出承諾，結果也有可能不符大人所望，但他起碼學會承擔更多責任。

如果我們期望孩子功課好，就要訂定符合他能力可及的標準，並且告知方法，像是上課專心、記重點、對答錯的試題，先寫下當時是怎麼想的、為何要這麼想、真正的正確答案為何、下次遇到相似的題目該怎麼辦等。重新回想自己的思考歷程，而不是只做反覆的練習，這樣的幫忙才有建設性。協助孩子找到合適的方法，而不是下了指令就等著罵人，如此孩子的作為才有機會與父母的期望貼近。

「只要你有成功的慾望，完美主義就不會缺席。」我們並不完美，所以很難期待孩子完美。實實在在的做自己，不要把未完成的夢想投射在孩子身上，這不僅為他們解套，也為彼此的互動關係留下更多轉折的空間。

第二篇

放手不縮手的哲學

我的孩子變了嗎？

> 它是最好的時期，也是最壞的時期；它是智慧的時期，也是愚蠢的時期；
> 它是信仰的時期，也是懷疑的時期；它是光明的時期，也是黑暗的時期；
> 它是充滿希望的春天，也是令人失望的冬天；我們前途有著一切，我們前途什麼也沒有；
> 我們正在直趨天堂，我們也正在直墮地獄。
>
> ——狄更斯（Charles Dickens 1812-1870，《雙城記》）

這是狄更斯在《雙城記》裡的著名詩句，如果把其中的「時期」看做青少年的心境，就再貼切不過了。

莎士比亞也在他《冬天的故事》中，藉一個角色之口說：「但願沒有十至十三歲的年紀，或是讓這年紀的少年們沉睡忘卻其他，因為這年紀的人只會和少女廝混、污衊前人、爭吵、偷搶……。」我們距莎翁幾百年的歷史，時空背景完全不同，但煩人的青少年時期，其複雜、惱人、讓父母驚心發怒的「特質」卻貫穿了幾世紀，延續至今。

「我的孩子為何變了？」這幾乎是所有孩子上國中的家長，或更早至小學高年級家長的心聲。過去的孩子是鉅細靡遺的告知學校點滴，現在問他一天過得如何，他只會聳聳肩說：「還好」；請他幫忙倒垃圾，他口裡唸唸有詞；請他加件外套，他會說，自己不是小孩子了，不需要告訴他該做什麼。他們徘徊在向父母宣告獨立與需要被認可之間，在想要展翅高飛與待在安樂窩之間矛盾，青少年在現實與夢想中掙扎，父母也在掌控與自由間妥協。每每在早上刷牙時，從鏡中瞥見洪輔日漸壯碩的身軀及低沉的聲音，我僅能從他眉宇間留存的一絲天真，確認他還是我可以「管得住」的兒子，回頭看紮好兩隻小辮子，催促大家快點行動的小壯妹，頓時覺得還是她比較實在！

電視機出現日本偶像團體「嵐」到台訪問的鏡頭，上百位十四、十五歲年輕的面孔，手舞標語，大聲吶喊，似乎要喊盡沉壓在內心裡的那股欲求，我的母親邊看邊評論：「這些人都沒事幹啦！像瘋子一樣，要是洪輔敢不去上學，而去那裡排隊，妳一定要不准，否則……」，我只能苦笑搖頭，她大概不能想像，這群青少年，要是「有幸」與嵐握到手、拍到照，或只憑演唱會的入場券，就能讓他們在班上的「地位」馬上提升，看著一大群無法親臨現場的同學，他們口沫橫飛還原當時的場景，那種被當成「意見領袖」的神氣模樣，足以讓他們覺得翹課三天也不算什麼。

按照美國心理學家艾瑞克森（Erikson）的理論，十二歲至十八歲是屬於「尋求統整」的階段，他們比任何一段時間更需要知道自己是屬於怎麼樣的人？別人對他們的看法？以及自己該何去何從？他們需要被周圍的人，包括師長、父母及同學的認同，如果大人對他們的認同標準只有功課，而他們又無法達到期望，就會轉而向其他方面探求，如追逐偶像、飆車、熟記星座血型、熱衷八卦訊息，這些都足以讓他們在同儕中取得認同的眼神。

一位在教室挑釁老師而被送至訓導室的男學生就說：「他叫我起來回答問題，態度又不好，反正我不會，橫豎死路一條，還不如死得漂亮點。」是的，這位男生不願自己的「能力」被質疑，寧可激怒老師，轉移焦點，在同學投以「敢挑戰權威」的認同眼神中，他似乎得到救贖。這樣的心態也反映在加入幫派或飆車的年輕學子身上，他們「一定」要獲得他人的「認同」，這是發展的必要元素，如果大人只有單一標準，他們只好摒除一切，轉而在為兄弟兩肋插刀、逞兇鬥狠中，找到屬於他們世界的認同。

現代的青少年，在外型言行上，勇於追求自我，但內心的敏感脆弱卻與外在不成比例。他們面對挫敗的容忍度是極低的，從學校小考到膚淺友誼，從父母的批評到無聊的週末下午，他們處處有被拒絕和受傷的可能，由於他們未經世事，因此會將這些痛苦的事件小題大作，形成憂鬱的催化劑。

憂鬱是其他病症的溫床。由於無法處理孤寂、憤怒、恐懼與不安全感，許多青少年會產生自毀的行為，像自殘、自殺、上網成癮，或飲食失調等，他們完全不知道有其他表達痛苦的方法。青少年也和大人一樣，會經驗所謂的「憂鬱症」，這種情緒通常是在他們受到挫折、失望，甚至與好朋友吵架後的失落而產生，這些往往被混淆為叛逆行為，同學們也可能以裝酷、裝憂鬱來看待，由於青少年缺乏正確描述感受的語言能力，他們僅能以行為呈現他們的情緒問題，當父母親及老師沒有敏感度來體察他們內在的痛苦，大家只在表面的行為困擾大做文章，常常讓青少年問題日益嚴重。

自殘與自殺則是青少年近年來「化解痛苦」最直接的方式。舉凡和好友絕交、成績無法保持第一或父母離異，都會讓這群年輕學子拿起刀片往手腕割去，一名高二的女生小薇（化名），在明星高中的輔導室就提及，她每一次自殘便會感到全身非常放鬆，「尤其是看著鮮紅的血緩緩流出，感覺所有煩惱頓時離自己遠遠的」。

女生自殘的比率高於男生數倍之多，原因在於男孩要是心理有問題，傾向用暴力或破壞行為詮釋憤怒和緊張，女孩則傾向自我傷害，即使是課業優異的孩子，一旦遇到挫敗，也會因心理落差大且拉不下身段向別人尋求協助，而使用自殘來「鞭策」自己。

課業、交友、尋求自由、憂鬱、厭食等青少年問題的根源都是壓力，但有害的不是壓力本身，而是處理壓力的方式。他們的心智與身體不斷在成長，但對壓力的知覺與反應卻停滯不前，往往只有單一的方式來做反應。認知心理學家發現，人們如果用不同的觀點看事情，會影響問題解決的難度。在日常生活中，如果要解決問題，不僅要有良好的分析與計畫能力，還需要有思考的習慣和容忍度，如果一個人解決問題的能力越強，選擇自殺、自殘等激烈手段的機率就越低。而這些能力的培養需要長時期的關注。我們的家長與師長不在乎孩子是否有良好解決生活問題的能力，只看重數學幾何問題能否被破解，所以我們的孩子，在面臨人生大小關卡時，把自殺視為解決問題的唯一方法，你我都不應該感到太意外。

看到這些偏差行為，所有的成年人都會同意，現在的青少年問題比當年嚴重幾倍，我們已無法憶起自己年少輕狂時的瘋狂，就因為我們仍沿用父母加予我們的生命劇本，當年親子間的爭執、誤解，經過一代「傳承」，劇碼仍照常演下去，只不過劇本加入了網友、藥物、星座及線上遊戲等現代元素。不變的課業壓力與情感困擾，可變的多元感官刺激，讓夾處世代交替的我們也瀕臨抓狂邊緣。為了「保本」，為了與這群青春狂飆者和平共處，身為父母，我們仍有「再教育」的空間。

首先，我們必須改善自己的溝通技巧，過去只要敢頂嘴，長輩的耳光就呼下來，現在我們如學不會「傾聽」與「回應」，像是「我了解你的感受」或「哦，然後呢？」我們與孩子的對話頻率，十隻手指頭就可計算完畢。

接著，我們要學會控制自己的憤怒，懂得「退離戰場」的合適時機，承認自己的情緒與期望落空有關，再一起想出有建設性的解決方案，不要把孩子丟在一旁，要他們為自己的行為負一切責任，他們要是那麼棒的話，我們就沒有存在的價值！

最後，我們一定要維持自己的影響力，舉凡作業規範、行為紀律，都必須有一致的標準，現代小孩最喜歡「抓」父母的矛盾和小辮子，當我們下的指令反覆無常時，他們便會鑽漏洞且理直氣壯的質問你：「為什麼以前可以，現在就不行？」前後不一致所造成的下場是讓自己難有公信力。

青少年或許努力想脫離我們的約束，但他們在學飛的過程，也需要我們的指導與支持。或許父母的地位因時空轉換不再那麼受尊崇了，但親子間的藩籬被打破，其實是另一股再生的原動力，我們如能體認青少年的那股不安焦躁，允許他們有自己的衛星軌道去運行，而我們可以是守護他們的行星，那麼大家就可在宇宙星系中和平共處，也將不會有彗星撞地球的慘劇發生！

女孩別哭

「搞小團體」會給女孩一種歸屬感，
它是確認彼此友誼最「經典」的方式。
對大多數女孩來說，
沒有比在午餐或下課時間孤單一人更令人難過的事，
為了要加入團體，
女孩們靠著彼此黏在一起來確定自己一切正常……

洪輔過了十二歲生日後，我就變得提心吊膽，因為發展心理學的理論提醒我，往後的六年是他這輩子最「狂飆」的時期，不管在脾氣或行為上都會超乎常軌的暴烈，做父母的最好做好應戰準備，以免擦槍走火，親子裂痕難以修復。

從「生理」發展而言，第二性徵的出現，讓青少年對自己和他人的身體充滿好奇，再加上賀爾蒙作祟，很多無可控制的行為就會反覆出現。如果我在洪輔床下發現異色漫畫，或在電腦上發現不明網址，我應該不用太驚訝，因為那是青少年心智發展的必然趨勢，但身為一個母親，對於洪輔的「長大」雖可以理解，卻難以接受。

我如何在兒子對另一個女體產生關注時，不去焦慮？焦慮他將脫離我的掌握，變成一個獨立的個體？

從「心理」發展而言，青少年需要承受角色的衝突及社會期望的轉換，像是我會期待兒子在升上國中後，要更沉穩和負責，並脫離國小階段幼稚的舉動，但洪輔在漸成「小男人」模樣之餘，卻希望擁有更多自主性，脫離媽媽的約束獨立出來，問題是他還沒有大到可以擺脫家庭的支援而獨立生存，因此便在「依賴」與「獨立」間搖擺不定，所想的與所做的處處充滿矛盾，對周遭許多事物產生質疑，親子對立的氣氛隨時一觸即發。

青少年擁有強烈的自我中心主義，他們常常建構出一套專屬於自己的個人神話，像一位漂亮卻內向的女生，她會惱怒的想著隔壁座位的男孩，午餐時間與她同桌，卻全然忽視她的存在，到底這位男孩何時才會知道她的感覺？問題是這位女孩從未對這男孩打招呼說嗨，一切都停留在她自我的過度想像中。

此外，青少年總是傾向覺得自己的問題比其他人的問題更值得注意，像一位國一女生就很篤定的認為，每個人都知道她正在使用衛生棉，而十三歲的另一位小男生則堅信他臉頰上新長出來的青春痘，將使他成為班上同學用嫌惡表情凝視的目標。這些半大不小的學生所煩惱的事情與行為，對我們大人而言可能微不足道，但對他們卻是如此真實而重要。

青少年另一個值得關切的議題，便是彼此間的「隱性攻擊文化」，尤其是女孩間的嫉妒與孤立。小壯妹最近困擾於同學間的排擠，我的女研究生也對周圍的「小圈圈」文化產生極度的反感，他們的發展都在青春期之前或之後，但同樣在承受身為「女性」所必須經歷的成長之痛。

不同於男孩間表現憤怒的肢體和言語型態，我們的文化要求女孩應避免公開衝突，「甜美有禮」的女孩形象仍是社會主流的標準。當她們有憤怒時，被迫將衝突以非肢體化、隱藏和間接的方式表達出來，這些包括背後中傷、排擠、造謠以及背叛等。我們年輕時也曾經為朋友間的關係而受傷過，在女孩隱藏的侵略文化中，面對的雖不是拳頭和刀子，但光是一天的冷戰就讓我們如柵欄上的尖刺，在心靈上所受的傷害，到現在想來仍會黯然落淚。所以，當我看到小壯妹被「小團體」給「OUT」時，只好平和的安慰她，並讓她哭個夠。瑞秋・西蒙在她《怪女孩出列》一書提到，「搞小團體」會給女孩一種歸屬感，它允許女孩和衝突保持一定距離，然後待在一旁看別人爭鬥，它是確認彼此友誼最「經典」的方式。對大多數女孩來說，沒有比在午餐或下課時間孤單一人更令人難過的事，為了要加入團體，女孩們靠著彼此黏在一起來確定自己一切正常，但往往也因彼此的友誼過於貼近，而讓情緒起伏不定，瀕臨瘋狂。

到底哪些女孩最會被團體孤立呢？這類女孩通常是積極、清秀、獨立，努力展現身體和口語方面的能力。這些表面上「美好」的特質，在私底下卻是最容易被攻擊的。

我們期待女孩勇敢但不直接，表達自己但不要講太多，擁有自主卻又要順從，女孩不知道社會究竟期待她們變成什麼樣子，她們只好變成矛盾的綜合體，在僅有的十三、四歲生命歷練中，任由別人的眼光決定自己的角色定位。

如果說「搞小團體」是青春期女孩的共有外在特性，那麼「嫉妒」則是引發這些行為的內在根源。嫉妒意味著不滿於現在所擁有的，它是一種慾望，這種慾望違反女性特質中的完美和自我犧牲。所以，當我們嫉妒某位女孩的腿比我們的修長，男朋友比我們帥時，通常都會把嫉妒或競爭隱藏起來，因為嫉妒代表自私，沒有人願意「直接」承認自己的不成熟，所以轉而學會用「間接」的方式來表達憤怒的隱性密碼。

每個女孩都希望自己是「完美」的，但他們不可能完美，在理想與實際中，「完美」就像是儲存女孩的憤怒、嫉妒和競爭等不愉快感覺的隱性儲存盒，在成長的歷程中，我們都巧妙的避開談論女孩的侵略性，不願承認我們的內心有使壞的一面，或是也有沉迷於分享別人祕密、共同排擠別人的青春歲月。我們被教育成「表達憤怒」是件不好的事，讓女孩覺得自己不應該這麼做，於是我們在暗地裡傷人。

我的成長過程處處上演「隱性侵害」的戲碼，且隨著年齡的增長，手段越來越「黑」。我曾因和最好的同學吵架，而沮喪到不想上學，也曾因好友的朋友介入屬於我的團體，而感到「被背叛」，在那一個憤怒會突然擴散的世界，焦慮是一種常態，安全感反而是一種奢侈品。回想在那段心理受到委屈的日子裡，老師和父母顯然無法為我們的憤怒找到出口，他們永遠拿「維持良好關係」做為唯一的處理主軸，即使建議的方式互異。而這樣的「理性」是無法撫慰受傷小孩的心靈。

有了這樣的體驗，不管面對小壯妹或學生，只要性別為女的，我都會比平常耐住性子傾聽，設法進入她們的世界。在對話中，幾個敏感的技巧是要特別注意的。例如，當孩子試圖解釋她被好朋友孤立時，我們盡量避免提及「每個人都會碰到這種事，不要太在意」，或是「妳太敏感了，她不是故意的！」雖然我們目的在安撫，但這種說法聽起來像是「這沒什麼，妳不要這麼小心眼！」對她們而言，這麼痛苦的事，我們卻無法感同身受，兩三次被淡化處理後，她們就不想開口了。

如果我們換個口氣回應「我以前也經歷過和妳一樣的事，那種感覺真的很不好！」或是「妳知道她們為什麼這麼做嗎？」這些都會讓女孩覺得自己並不孤單。如果趁機引導她們去認識自己，那麼這場「憤怒」或「受傷」就會變得有價值。

我們或許可嘗試讓她們了解，友誼是一種選擇，如果為了維持友誼，而將內在的憤怒轉變成另類侵略行為，或壓抑自己的真實感覺、不斷迎合對方、讓自己狼狽不堪，身為家長的我們就需要幫她們，找出害怕衝突的原因，否則這樣的友誼在成長記憶裡是有陰影的。如果女孩分不清友誼與虐待，此時我們要明確告知這是不健康的關係，並以中立、關懷的態度，陪伴她脫離這種處境。

我向來喜歡用發問的方法澄清問題，小壯妹淚眼漣漣中也學會去思考「她們為什麼這麼做？」或「我為什麼這麼生氣？」我們也會討論到「有沒有辦法讓她們不這麼做？」、「這些整人的女生是不是真的要讓我生氣？」在夾雜淚水的對話中，小壯妹踏上自我認識之路，了解到女孩在對抗憤怒和爭執的過程中，如何影響彼此的友誼，她必須充分了解「與人為善」絕不是解決問題的方法，而且她也不是唯一被排擠、交不到朋友的女生，朋友是很重要，但交朋友是讓自己覺得安全、舒服且快樂，如果朋友反而讓自己陷入更難受的情境，那麼她必須學習「一個人」安靜一下，又何嘗不是一種不錯的選擇。

女孩的心理特質讓她們在未來的人際關係上充滿挑戰，協助她們澄清內在的憤怒，鼓勵她們表達出自己的感受：「嫉妒」可以轉化成「欣賞」，「友誼」可以不必「妥協」，「一個人」有時也勝過一個無情的「小團體」，這些多元的觀點，都是身為母親的我們可以陪女兒一同去體驗的！

心理學研究顯示，
母親常對女兒談起悲傷或是沮喪的情緒，
對兒子所談的大都是憤怒的感覺。

在一次洪輔國中學校日的休息時間，一位媽媽很好奇的問我，怎麼「敢」讓洪輔放學後在學校籃球場打球。

我納悶的問：「學校不應該很安全嗎？」

她瞪大眼睛：「那裡每次為了搶場地，常常發生暴力事件，老師都勸國一的學生不要逗留！」

「學校不是還有訓導處？」

「妳不知道現在國中訓導處都不太管，大家還是自求多福吧！」

這位有氣質且憂慮的媽媽最後下了這個註解。往後類似的訊息不斷傳入耳裡，原來讓青年學生發洩體力的場地，現在已變成媽媽們眼裡的是非之地，為了避免紛爭最好勿進。

洪輔每天留校半小時打球，他到底如何「存活」下來？他到底是「施暴者」還是「受暴者」？

看到我焦慮的眼神，他又是一派輕鬆樣：「沒事啦！有時學長會過來『關切』，但我們人多，他們也不敢怎樣！」

「如果他們人也不少，體型又比你們高大，怎麼辦？」

「那就比看誰厲害啊！」

我心中一驚：「萬一打起來怎麼辦？」

「看狀況啊！打得過就打，打不過就逃啊！」原來別家媽媽的擔心是有道理的。

校園暴力事件、少年圍毆事件層出不窮，我不會有一天也要到警察局去保我兒子吧！

看到「不爽」的事就出拳，男孩之怒就如此簡單？一句「血氣方剛」是不足以解釋這行為之下所隱藏的憤怒。

心理學的研究顯示，做母親的常對女兒談起悲傷或是沮喪的情緒，對兒子所談的大都是憤怒的感覺。從入學階段開始，小學可說是一個以女性為主的環境，大部分的教師是女性，這對高活動力、低衝突控制的男孩子來說是會造成一定的衝擊。男孩們的行動與衝動的特性在運動場上是被允許的，但在靜態的教室環境中，與其他守規則、肯合作的女同學相較之下，這些男孩特質便由資產變成負債。

我們的文化也認為「建立關係」是女人的工作，是一種男人不需了解的第二種語言。由於缺乏表達能力的發展，學校家庭又不鼓勵情緒的討論，男孩的情緒就會直接轉成動作，不管是出拳打人或是在教室狂奔喧鬧，當他們所表現出的精力與行為不斷受到老師或家長的負面回應，就很容易沉溺在失敗、羞愧與憤怒中。這些隱藏在無禮行為的外在表象下，很難被察覺。因為無法跳脫情緒的壓力，男孩子會用口語或肢體的暴力來表達情緒，並築起一道高牆，與他人遠遠隔離，遠離那些讓他受傷的環境或人們。衝動、無禮、暴力等就像是光譜，每一個男孩在某種程度上都會具備這些特質，也是大人不解男孩內心世界，而對他們外在表現做出的最簡單註腳。

暴力是心力交瘁之下的產物，不論是大人或小孩都是，如果孩子沒有發展出表達情緒的方法，他們就不知該如何「說出來」，無法分享、無法減輕痛苦，只有利用行動將情感發洩出來，而這些行動更讓老師與家長震怒。

另一方面，當大人承受壓力時，也容易「不自覺」的遷怒於孩子，洪輔與我關係最差的時候，是我在寫自己的升等著作時，每天的研究壓力，再加上娘家一些需處理的事務，整個人彷彿被掏空一般，對於孩子「非預期」的行為均用「放大鏡」來檢視，親子衝突隨時引爆。洪輔那時所表現的不良言行，其實是對我不當要求所做出的激烈回應，而我也忽略了他內在的那股憤怒。

如果憤怒男孩無法讀出別人所發出的訊息，他當然也無法了解自己的情緒。我們因為缺乏情感的教育，使得孩子與自己的內心相隔千里。對男孩而言，情感的領域彷彿月球的另一面般黑暗；對大人而言，因為沒有認清自我的壓力源，又不知如何關照孩子的內在感受，彼此衝突發生時，也不知如何控制自己的憤怒，口語暴力的交替運作下，矇蔽了內在最需要被挖掘的憤怒源。

回到籃球場上，用粗暴手段搶場地的行為，通常不是出於生物本能的掠奪性，而是一種防衛式的反應，這些男孩沒有辦法用言語表達「他們想打籃球，現在場地不夠，該怎麼解決？」他們內心或許藏著多年累積下來的恐懼與憤怒，拳頭只是「不會講」且最快速解決問題的方法。我們的教育如果能提高男孩表達思想的能力，鼓勵他們多多練習自我表述，一旦憤怒或其他負面衝突發生時，便可以保護孩子，不要因一時的情緒而傷己傷人。所以女人一般都較會訴諸「言語暴力」的方法。

許多心理諮商師提及，他們在解決青春期男孩的情緒問題時，了解到「用說的」是有效的藥方。即使說的不太流暢，但願意講就可以釋放情緒的壓力，且降低敵意的侵襲，如果在講的過程中找到憤怒的真正來源，那就是幫他開啟一扇窗，學習去改變暴力的行為模式。

包括我自己本身，太少去尊重到兒子的內心，也太少探討關於感受的問題，現在他那麼大的身軀挺立在我面前，我更不知該從何談起。

在爭執中，我發現不錯的方法，那便是揭露自己經歷過的掙扎與想法。雖然他初期不會有所反應，但會聽進去放在心裡，須注意的是不去長篇大論的談自己的奮鬥史，青春期的孩子生命太豐富，期待的事情太多，不會有興趣去沉澱我們人生的苦澀，但一些恐懼及焦慮，特別是發生在與他們同年齡的事件，會讓他們靜下心來分享成長的矛盾，尤其當他們理解到其實大人也有恐懼的時刻。

讓男孩去體會恐懼與脆弱，是情感教育很重要的一環。男孩子必須了解，承認恐懼不會讓他們變懦弱，相反的，他們可以從羞愧中被釋放，變得更堅強。如果我們大人要求他們要「勇敢」，並控制自己的感受，他們就會感覺自己是「囚犯」，在未來的成長歷程中，一味壓抑、否定自己的「害怕」，最後化約為大家所認可、符合男孩特質的暴力，作為尋求宣洩的出口。

男孩的成長之路必定會遭遇許多麻煩，麻煩來源可能因為他的衝動、高活動力或其他個人因素，如果他闖禍後，被懲罰的過程承受太多羞辱，或是承受大人過多的憤怒，他會用叛逆的方法對抗威權而不會變得更好。

有了這層體會，看著從球場廝殺回來的洪輔，踩著夕陽走向我的車，我提醒自己給他更多機會說出自己的內在世界，表達更多自己的情緒，讓他知道男人可以像女人一樣擁有情感發洩的權力。青春期不應在憤怒的烈火中燒成灰燼，而是在承認憤怒後，體驗真實的自我且勇敢面對！

不聽話的孩子叫「背叛」？

因為年少輕狂、搞不清楚狀況，
但面對自己的行為有反應的能力，
只因關鍵時候，我沒遵循大人的建議，走了一點小叉路，
就必須背上「背叛」的罪名，就「不能後悔」？

表哥的兒子向來是他們家的驕傲，從小唸書一路過關斬將，進入最頂尖的大學、最頂尖的科系。今年暑假，升上大二的他卻告知全家，他想休學一年，先去唸一些藝術課程，再考慮正式申請藝術學院，這個青天霹靂的消息，讓全家陷入一片愁雲慘霧中。我的表哥在「勸說」無效下，嚴正的告訴兒子，「為自己的決定負最大的責任」、「不聽大人的規勸，就不要後悔」，如此嚴峻的措辭仍「嚇退」不了兒子的決心，表哥咬著牙等著兒子為自己的「背叛」付出代價……

「負責」的英文單字叫做「responsibility」，拆開來看是有response（反應）的ability（能力）。有「反應的能力」指的是對自己的行為有所反應，如果今天我放棄電機系而選擇到外頭「流浪」，去追尋藝術之夢，一年後，我發現藝術之路不好走，很難填飽肚子，理想和現實原來有這麼大的落差，因此我決定再回到校園，對於當初的決定做出這樣的「反應」，證明我的想法需要修正，有了這樣的覺悟，我算不算「負責」？

因為年少輕狂、搞不清楚狀況，但面對自己的行為有反應的能力，只因關鍵時候，我沒遵循大人的建議，走了一點小叉路，就必須背上「背叛」的罪名，就「不能後悔」？這些攸關「前途生死」的問題，一個不到二十歲的孩子，他該負起什麼樣的責任？

表哥與兒子的關係，反映出大部分父子之間那種糾纏與無可避免的緊張氛圍，彼此普遍缺乏感情的探索與分享，也沒有身體的接觸。從青春期開始，男孩子的自信與力量逐漸長成，這與父親的護衛角色形成了一股張力，對於兒子所做的決定，父親往往覺得不切實際，他們無力去辨識青少年在誇張言詞中所隱藏的真實性，因為他們缺乏深思的經驗，也不覺得有繼續探測的必要，他們唯一關切的是趕快把孩子導回「正途」，免得在弱肉強食的現實叢林中一事無成，讓父母親顏面無光。

當一個青春期的兒子開始違背父母的旨意，展現「不受教」的姿態時，不僅是爸爸或媽媽，都會覺得很受傷，媽媽在事後會試著修補溝通的管道，但爸爸通常在暴跳如雷後仍企圖找回自己對孩子的控制權。

洪輔和小壯妹雖然可以和爸爸打鬧，但遇到功課有問題時，對於爸爸「熱心」的教導，通常是「敬謝不敏」，因為爸爸永遠可以把「簡單複雜化」，講得非常「詳盡」，最後當然引發不耐，相看兩厭，常常需要媽媽出來收拾善後。爸爸對洪輔的學科教導，通常會不自覺的加贈態度糾正與期望修正，簡單的一個數學問題，卻引發人生觀的探討，難怪爸爸一出馬，兩小逃之夭夭。

比起二十年前，現代的父親對孩子照顧的參與度大幅提高，但父親的照顧大部分還是放在表面的工作與任務，而很少有再深一層情感聯繫的轉化。

中外詩詞文學作品中，處處可見兒子對父親的孺慕之情，現實中的父子關係，卻出現許多苦痛、憤怒與隔閡。我的表哥就提及，他有「意識的」不給予兒子太多所謂的「撫慰」或「擁抱」，因為他怕會教養出一個愛哭且多愁善感的男孩，從小當兒子對某一件事顯示出「害怕」的傾向時，他會「訓練」孩子「勇敢」挑戰，因為沒什麼事是值得恐懼的，他不認為男孩子應該表現情感上的脆弱，或者更確切的說法是，男孩子「骨子裡」就不應該有脆弱或恐懼這兩個字。

大部分的人在幼年期都有被父親教腳踏車的經驗。

有一種父親是用手扶著座墊，跟在孩子後面，當孩子慢慢找到平衡感後，父親的手便放開，孩子跌下來，父親把他扶起來，再試幾次，就這樣摔摔跌跌，孩子終於學會了騎腳踏車。

另一種父親，同樣用手扶座墊，跟在後面，等著孩子找到平衡點。在孩子以為自己會騎車時，高興一回頭，失去平衡，但父親的手仍扶在後面，於是他安心且開心的繼續往前行，父親在確定孩子穩定後，輕輕且不著痕跡的把手放開，孩子獨立的騎行好一段路，再回頭，爸爸遠遠帶著微笑的向他招招手，終究孩子也學會騎腳踏車……

兩種父親都教會孩子騎腳踏車，第一種父親相信，成功需要多次跌倒，離開別人幫助且付出代價。第二種父親則相信學習可以是有人陪伴，且在安全穩定中仍可獲得成功。兩者的教育信念影響親子間的動力，有些父親用困境與獨立使孩子百鍊成鋼，有些父親願意在成長的路上做孩子的支柱，協助他們適應這個困難重重的真實世界。這兩者僅反應不同的教養態度，並沒有對錯問題。但在與許多青年學子接觸的經驗中發現，那些勇於接受挑戰的孩子，在成長過程中都被教導著要體認自己的脆弱，並「安全」的把它說出來。

美國著名的心理學家丹・金德倫（Dan Kindlon）和麥可・湯普森（Michael Thompson）在他們《該隱的封印》一書中，針對青春期的男孩與父親們的摩擦現象提出看法。他們認為，青少年通常會否認需要父親的關懷，因為父親的存在是一種令人不安的提醒，暗示著他自己像小男孩一般的需要依賴，他們不能再向父親索愛，因為必須對自己的同儕團體保有忠誠，證明自己已長大成年，這種矛盾力量拉遠了父子之間的距離。另一方面，對父親而言，兒子的成長也是家庭中另一種男性壓力，比較脆弱的父親會以一貫的防衛姿態，盡量維持「老爸什麼都知道的神話」，對孩子不斷的控制與批評。

猶記得在美國研究所的學習輔導中心服務時，處理過台灣名門之後的心理問題。這群「企業接班人」通常在十五、十六歲時，被送到國外「訓練獨立」，有些人的確表現得非常優秀，完全超年齡的處世風範，絕對讓他們的父母引以為傲，但在他們堅強的外層包裝下，隱藏的卻是對親情深沉的渴望，那種在獨立框架下呼吸的男孩，眼神仍然讓我心痛。

回台多年後，在財經雜誌上看到其中一位，已躍上產業舞台，準備展翅高飛，照片裡，他的雙親笑得很驕傲，他則靦腆的站在中間，看不出喜怒哀樂，慘淡孤寂的青春記憶應該已深埋在內心深處，或許他與父母親之間仍有隔閡，但他們會在乎嗎？只要在人前光彩，看不到的感覺又算什麼，生涯的選擇不就是順服嗎？突然我的腦中閃過發展心理學所提及的經驗，在「鐵的紀律」下成長的男孩，有些會將羞辱轉化成憤怒，更多的人是將羞辱深藏內心，記憶會變淡，但卻讓他們與別人相處的關係蒙上陰影。這種悲傷讓他們的情感潛能失去光輝，無法享受平凡的喜樂。祝福這位「接班人」，能在縫隙中找到他的光源！

當然，從另一角度來看，父子關係可以從前半段是憤怒、沮喪，而後半段轉換成患難與共的朋友關係，關鍵在於父親是否願意放掉自身的束縛，他可以不用像母親給予兒子身體的接觸，但可以與孩子「分享空間」，如一起打球、下棋、找昆蟲，即使是像一起剪頭髮這種簡單的日常瑣事，都會是男孩混亂青春期的一股穩定力量。

每個年紀的孩子在不同發展階段都面臨不同的挑戰，他們在同儕團體中需要戴著防衛的面具，唯一能看到面具下真實面孔的是親愛的爸爸媽媽，他們在乎的絕不是相處的時間不夠，而是情感的淡漠。如果在殘酷的競爭文化中，有個溫暖的長者形象常駐心中，這些孩子就不會將自己的情緒完全深鎖，而變成大人眼中叛逆且不知天高地厚的「怪胎」。

另一方面，當孩子表現出「我什麼都不在乎」時，其實是在反擊父母師長給予他們的批評與羞辱，孩子的內心是如此難以窺見，當行為脫離常軌時，是沒有人會寄予同情的。

唯有大人的耐心與熱情才能領孩子走出孤寂堡壘。

如果我們能再重新定義「responsibility」，支持孩子反應的能力，只要他們能對自己做的選擇有所反應，不管成功與否，都應該被肯定。他們夠年輕，多轉幾條叉路，在漫長的人生路途中，一點都不算什麼，終究他們會找到屬於自己的「負責」之路。

第三篇

找出溝通的平衡點

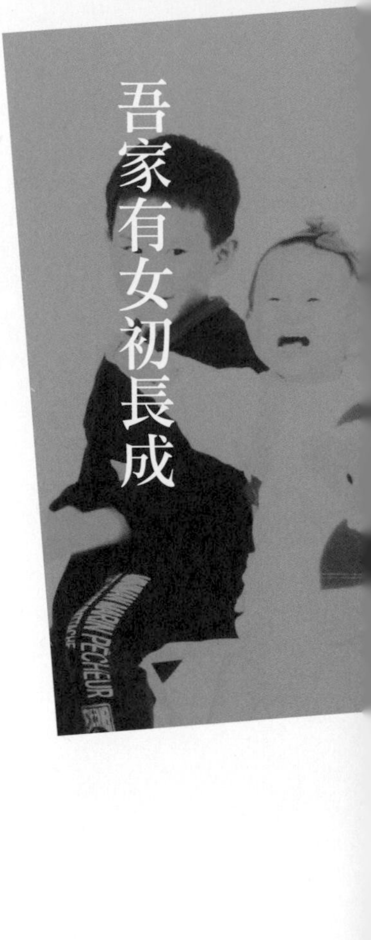

吾家有女初長成

在屬於我的年代，媽媽從未告訴我如何與男性相處，
當我們鼓起勇氣把「對象」呈現在她面前時，
她永遠不會告訴妳「該怎麼辦」，
但卻不斷提醒妳「不能怎麼辦！」

書，一樣要唸，試，仍舊要考，爭，還是要贏。不同的城市，因為不同的價值觀、不同的文化、不同的制度、不同的競爭，找到了不同的主角，上演著不同的戲碼。

小壯妹七歲就情竇初開，喜歡上班上一位小男生，她形容自己的心情是「有八七％的喜歡，上課看著他就會很高興，睡覺前想到他就會想微笑。」一天放學時，壯妹雀躍的告知，她和這位小男生被安排坐在一起，那個飛揚的嘴角，彷彿在宣告「王子和公主從此就過著幸福快樂的日子……」

三天不到，壯妹嘟著嘴抱怨：「他坐在我旁邊，衣服常常沒紮好，也會挖鼻孔，還會放個小屁，跟遠遠看到他的感覺都不一樣，我現在對他的喜歡只剩下三七％了！」天哪！難道我家壯妹以七歲之齡就體悟婚姻哲理了嗎？花前月下不算數，近距離接觸才是苦難現實的開始，她娘花了十幾年才參透這個道理，她小小年紀就有此體會，真是可歌可泣啊！

在我陷入沉思時，她突然天外飛來一筆：「媽媽，如果我喜歡一個人，跟他結婚了，但後來變得不喜歡了，我該怎麼辦？」該怎麼辦？試婚嗎？離婚嗎？我啞口無言，這樣的對話不曾出現在我與我媽的互動中。在屬於我的年代，交男朋友仍是一件「偷偷摸摸」的事，媽媽從未告訴我如何與男性相處，完全讓我們自我摸索，在錯誤中學習，當我們鼓起勇氣把「對象」呈現在她面前時，再承受她的批評，她永遠不會告訴妳「該怎麼辦」，但卻不斷提醒妳「不能怎麼辦！」

關於「情事」，台灣的母女上演著「一切盡在不言中」的劇碼，對岸的母女又如何呢？為何提到對岸，這當然是有跡可循的。

話說我的研究取向是在於「腦袋瓜裡的訊息運作」，簡單的說就是「如何學得更好」。早年在美國時，就走訪幾所長春藤盟校，分析「台裔」子弟的腦袋瓜為何可以如此出類拔萃。一場研究做下來，就與幾位媽媽成為朋友，時有聯絡。

這群曾因孩子優異表現而光環罩頂的母親，在兒子邁入二十歲時，卻烏雲密布。一位哀愁的母親來信說：「我從小教他要負責認真，忠誠一致，沒想到他恪遵格言，把這套也用在女朋友身上……」這不是很好嗎？問題是這一群台灣之光負責的對象，清一色都是來自彼岸上海的女孩們。「上海幫」不僅展現強大的經濟競爭優勢，我們台裔的菁英份子面對她們，也紛紛「中箭落馬」，兩岸母親的戰爭，悄然引爆，威力之大，勾起我一探究竟之欲。

上海女性人情練達，習慣「調教」周邊的「重要人士」，說她是「幫夫」也好，「現實」也好，與人「別苗頭」也好，她們的宗旨就是「過得比別人更好」。這樣的思維慣性當然與上海殖民文化及經貿競爭有絕對的關連。

因緣際會，拜訪了幾位「上海之光」的母親，同樣是對女兒的呵護培育，同樣的期待要求，但在「情事」上，上海的媽比台灣的媽多了一份「目的」與「策略」性的堅持。她們在與女兒的對話中，會依她們的標準去滲入「好對象」、「好男友」的條件，一位媽媽甚至明白指出，「女孩要想辦法擠進長春藤名校，主修的科目，最好是財經領域或藝術鑑賞，未來才能懂得挾帶夫家優勢來『壯大』娘家市場」，我聽了簡直是瞠目結舌，我媽怎麼沒這種智慧，害我現在還如此辛苦打拚，就是沒有遠慮，才有近憂。

海峽這邊一路優異的台灣王子，遇上對岸目標明確且實力堅強的上海公主，怎能不拜倒在其吳儂軟語又兼具時尚獨立的風格下呢？難怪台灣的媽媽在這時只能含淚將辛苦雕塑的優質品拱手送人。哎，這套模式運轉下來，家有男兒真是個「負數」，女兒才是翻身的「正數」。我千辛萬苦、苦口婆心，培育完成的洪輔，未來可能是別人的「標的」，為了和兒子還有一絲牽連，我可能還不能亂發飆，這樣才有剩餘的機會到他們家小坐一番。回頭一看，沉睡中，微蹙眉頭的小壯妹或許才是我的指望。我是否也應該在她的成長過程，有意識的去滲透「有條件男友」的觀點，讓她像八爪章魚一樣，看準的目標，一個也逃不掉……

場景回到炎熱的台北午後，小壯妹又在滔滔不絕的抱怨班上男生，既不稱頭又調皮搗蛋，讓她的「視覺」沒有美的享受。隨著孩子慢慢長大，情感交友問題都將會是他們生活的重點。洪輔被問到「喜歡的人」之類的問題，都是害羞的含糊帶過，即使我比自己的母親有更開放的態度，但「情事」畢竟是屬於個人的私密，他不願透露，外人也只能在外圍打轉。

我往往利用他們班級的聚會，與女同學們為友，了解大部分女生的特質，在與兒子聊天時，加入「×××個性不錯，功課也很好，你可以多跟她聊……」，他當然會有自己的意見，我再藉機討論女孩的心理發展，一方面讓兒子「習慣性」與我談論交友問題，另一方面也間接告知，以他「射手座」的特質，舉凡佔有欲太強、安全感太低、需要強烈關懷的女孩，都應該小心應對，最好「排除在外」。媽媽的話，就像錄音帶不斷放送，即使他當下不以為意，關鍵時刻仍會發揮抑止效用。我媽對我的魔咒就是如此，洪輔當然也會延續此一傳統。

相對於洪輔的「間接」，我對小壯妹則是採「直接」的方式與她討論。她從小便會鉅細靡遺報告所有事件，對周遭人事的批評也是直接的，未來我只需要保持溝通管道暢通，再加上多元另類的觀點，如她提到：「男生為什麼只喜歡長髮的女生？」我就會請洪輔這位男生發表不同見解，證明不是所有男生都如此。

當她覺得自己不夠漂亮，且個性太剽悍，男生都會圍剿她時，我就需適時讓她理解，面孔漂亮不代表一切，整體的個人風格才是持續受人關注的元素。當然，她抱怨某位財團第三代個性古怪，不思長進時，我會「勸」她多給別人機會，「長進」的方式不同，這位男孩現在還沒開竅，長大後或許會變成王子，現在留點情面給彼此，往後見面才不會尷尬。壯妹聞之，不以為然的嘟著嘴。而我則相信，透過開放的討論環境，她未來的選擇應該不會讓我們太錯愕。

至於她是否可以如上海女孩那般「壯大娘家市場」，我想，不同時空背景，演的戲碼本身就不同，即使在舞台上演對手戲，女主角的定義也是由個人來詮釋。身為家長的我，只要在台下熱烈鼓掌便足矣！

我不要當漢堡！

孩子往往從別人的眼中來界定自己是什麼樣的人，壯妹一出生，我們就對她的長相跟她說聲對不起，每次抱她出門，即使在她的小光頭上綁了蝴蝶結，大家仍讚嘆「這個小男生長得真健壯」……

歲末時分，節日多，怪招也多。不知何時起，台北的家長配合著萬聖節及聖誕節等西洋節日，開始忙著幫自己的寶貝妝點行頭，就希望這些金童玉女一出場馬上能豔驚四方，跨出社會化成功的一步。

萬聖節那天開車經過小壯妹曾經唸過的幼稚園，看到如繁星般的「小天使」下車跳進學校大門。這些天使共同的打扮是頭頂銀色小皇冠，身著雪白長紗，身後背著一對小翅膀，手持雕花的儀杖，非常可愛，只是為何每個小女生都是這身打扮，這不是一個發揮創意的絕佳機會？大人出席這些場合，很怕「撞衫」，小孩為何搞得像穿制服一樣，雷同性如此高？這些景象勾起我和小壯妹的「慘痛」回憶。

話說她在幼稚園中班的萬聖節，每個小朋友被要求做不同的裝扮配合過節氣氛，最有創意的造型還可獲頒大獎，壯妹想和其他同學一樣扮個可愛的小公主，媽媽看她微胖的身材及不夠修長的雙腿，走公主路線實在沒什麼勝算，況且這麼講究創造力的競賽，老媽怎能不出馬呢？

絞盡腦汁終於想到，可以把壯妹扮成一個「漢堡」。把她的身型當成一塊肉，綁上綠色皺紋紙當成夾層生菜，前後再綁上加工後的圓型座墊，配上圓潤臉龐，就成了不折不扣的「小漢堡」。媽媽對自己的巧思得意的不得了，小壯妹則因自己與美麗擦身而過，沮喪得快流出眼淚，但媽媽不斷在耳邊遊說：「和別人不一樣才能得大獎！」不管壯妹感受如何，硬是把她推向第一線。果然在一群小公主小天使中，我們家的「小漢堡」真是一鳴驚人，大人們驚豔於我的創意，小朋友則是掩面偷笑，壯妹在交雜不同的笑聲中，勇奪造型大獎。我卻在掌聲中看到壯妹嘟著嘴巴，含著淚水走向獎台，之後便不發一語。

一上車，她把身上所有的道具扯了下來，終於大聲的哭出來「我不要當漢堡，我不要當漢堡……」，此時，我才醒悟，她的心靈真的受傷了。她不過是要和其他小女生一樣，趁著節慶扮成小天使，徜徉在自己夢想的國度中，化身為美的精靈，享受一點點虛擬的驕傲，我卻連這個機會都剝奪了，什麼「造型大獎」，那關小壯妹啥事呢？她這個階段就是要和別人一樣，「安心的」當個小公主！

我鄭重的向壯妹道歉，把車開到後火車站的小鋪，任她選了一對小翅膀，一個小皇冠，讓她在家裡攬鏡自照，過一下乾癮，同時向她保證再有這樣的機會，一定以她的意見為主，絕不再過問。幾年後，再看到那年萬聖節照片，仍忍不住泛起笑意：「妳是媽媽心中永遠的小公主，但也是最棒的小漢堡！」

孩子往往從別人的眼中界定自己是什麼樣的人，像小壯妹在同學揶揄的神態中，覺得自己的漢堡造型是可笑的，頓時，她的自信心會瓦解。如果一個人長期接受負面訊息，如「不聰明」、「不好看」，久而久之便會形成內在的「無助感」，然後產生「為什麼要嘗試？嘗試也不會有好處，反正我就是這樣了……」的心態，最後造成負面消極的態度，不願為任何事全力以赴。

孩子的「自我概念」會影響他們後續的行為，如果從小擁有許多成功的經驗，內在會形成「我是有能力的人」的知覺，遇到任何挑戰，也會比較願意試試看，相對而言，成功的機率就比較高。相反的，有些孩子長期無法達到大人的期待，每次都得承受負面的評價，這些沉澱到一段時日，就會產生「我什麼都不行」的自我否定，遇到任何機會，猶豫不前，連嘗試的意願都沒有，如此一來，當然就沒有勝算的可能，當榮耀歸屬別人時，孩子更根深柢固證實自己不會有成功的可能。

自我概念可分成不同的層次，在台灣，通常成績好的孩子較會形成正向的想法，在歐美地區，運動、外貌及人際關係好的學生，則較具信心。每個文化看待孩子的價值不同，孩子便根據旁人的觀點建構自己對自己的看法。

壯妹一出生，我們就為她的長相跟她說聲對不起，以她爸爸或媽媽的「姿色」，應該可以給她更好的遺傳基因，但事與願違，每次抱她出門，即使在她的小光頭上綁了蝴蝶結，大家仍讚嘆「這個小男生長得真健壯」，如此的形容詞，伴隨她到兩歲半。由於承受太多「同情」的眼神，即使壯妹口語不能清楚表達，仍能感受她的「退怯」。媽媽深知自我形象的影響性，決定扭轉劣勢。既然在外型上「受傷」，就想辦法在這項扳回一城。

猶記得華納威秀的開幕日，我在壯妹屈指可數的幾根毛髮上，綁上數十個可愛的小小汽球，給她穿上紫色格子小洋裝，紫色鞋襪，手上則推著小小娃娃車。這一身裝扮讓所有行人紛紛側目，年輕女孩挽著男友的手，回頭一起多看兩眼，小壯妹第一次感受到眾人的注目，她更加抬頭挺胸，彷彿是一隻驕傲的孔雀，走在星光大道的紅毯上，我得到的結論是「人醜沒關係，懂得『裝』最重要！」

至此，我們便在壯妹的頭髮上大作文章，彌補先天本錢的不足，寧可讓她過度自信，也不要讓她自卑，一路「操弄」下來，再加上女大十八變，小壯妹不久便擺脫「外型」上怯退的尷尬，至此，從裡至外，展現十足的「霸氣」。

當然，「自我概念」的提昇，不純然只有外型改造這般的單純，最主要的是讓孩子有真實的「能力感」，也就是讓他覺得自己是有能力來處理事情的，即使犯了錯也沒關係，在合理的範圍相信自己可以掌控事情。而這些能力感的培養，需要有「成功經驗」的給予。成功經驗可以小到拼完一片七巧板，大到完成攀爬玉山的任務，只要有被肯定的感覺，就算是有成功的體驗。

成功體驗通常伴隨著讚美。在教育上，家長都被提醒要時時鼓勵孩子，值得注意的是，過度不切實際的讚美，是無法讓孩子信服的。如果孩子自覺行為表現不佳，而爸媽還不斷的告訴他們「你好棒」、「你優秀的不得了」，聽多了他無法從中獲得一致的訊息，很容易認為爸媽只是在安慰他，因而懷疑自己的能力。

讚美應該是用事實陳述的方式，且不要使用與能力相關的字眼如「聰明」、「愚笨」。基本上，能力屬天生特質，很難改變，當孩子考一百分，稱他「聰明」，下次未達標準，就變笨了，這種認知會讓人覺得很無助。比較適當的讚美方式像是「我看到你這次畫畫作品和上次很不同，顏色變得更多，而且人物造型好有變化……」，或者是「我看到你跑得很賣力，雖然沒有得到第一名，但我仍然覺得你很棒」。你所看到的陳述，表示你很注意他的表現，這點對孩子來說是最重要的。

給予「中性」且適切的讚美，雖然沒有「激情」提振演出，卻可幫助孩子在行為上有個合理的期待。

在孩子單純的生命歷程中，家庭和學校的回應是他形塑自我概念的源頭，吸收越多正向的回饋，就能營造更強的自信心。如果孩子學業上沒有辦法得到肯定，就找出其他的優點，像是下棋、跑步，即使是每天拍球兩百下，持續不斷，展現比其他小孩更持久的毅力，這些都是優勢能力，當然值得被肯定。

成功經驗無所不在，接受孩子的本性，給予切合實際的期望和目標，讓他們感受到自己深受賞識，如此，我們便可以期望他們因更愛自己而展現出令人激賞的勇氣。

別急著吃棉花糖

父母不在時所交代的作業，
最好不要是有附答案的測驗練習卷，
千萬別太相信小孩子的誘惑忍受度，
他們「描寫」答案的功力可是一流的。

《先別急著吃棉花糖》是中外暢銷書排行榜的常勝軍，內容主軸是在探討為什麼有些人成功，有些人則否，其關鍵在於自己能不能忍下眼前的享樂，等待換取更大的理想。書中所引用的例子，是心理學領域廣被討論的「棉花糖試驗」。

心理學家瓦特・米伽爾於一九六〇年代對史丹福大學附設幼稚園的孩子進

行實驗，研究者告訴小朋友，眼前有一塊糖果，可以馬上吃得到，但如果願意多等待一會，在研究者離開辦完事回來後都沒把糖果吃掉，將可獲得兩塊棉花糖。糖果對孩子的誘惑是很大的，許多孩子會因看到糖果而情緒亢奮。在這試驗中，有些孩子耐不住衝動便把眼前糖果吃了，而另有一些孩子卻用盡辦法耐心等待，等待的十幾分鐘是相當漫長的，有的閉上眼睛不去看誘惑人的糖果，將頭埋入手臂中、自言自語、唱歌、玩弄自己的手腳，甚至努力讓自己睡著，這些勇敢的孩子終於得到兩塊棉花糖。

研究結果發現，三歲時就能抵抗誘惑的孩子，到了青少年時期社會適應能力較佳，較具信心，人際關係較好，較能面對挫折，面對困難也較不會輕言放棄，在追求目標時也和小時候一樣，能夠壓抑立即性的衝動，因而獲致較高的成功率。能夠延遲滿足，克制情緒上的衝動，就是我們說的自制力。這是違反人性的本能，藉由不斷的忍耐，得到更多的棉花糖、更好的分數，甚至更多的友誼及成就。

為什麼有些孩子有較好的自制力？有一部分是來自先天的因素，有一些是來自策略的教導。舉例來說，成人可以教導他們去分散注意力，不要盯著糖果猛瞧，可以口唸「我討厭糖果」或把棉花糖想成白色、膨鬆的雲，藉此來維持他們的決心。當然良好的家庭互動也是孩子擁有自我控制特質的重要因素。一項研究顯示，父母親如果對孩子的需求做無情感的回應，或不斷苛求批評，孩子在青少年初期經常會有缺乏控制的反社會行為發生。

壯妹在上小學前的脾氣爆烈，只要媽媽沒有立即回應她的要求，就會擺出難看的臉色，對她有理也講不清，只能儘量安撫，希望她快點長到聽懂話的年紀。情緒上她的控制力不佳，但在「延後享樂，以獲取更大利益」這點上，倒是展現她堅強的毅力。

她三歲時的體重是二十二公斤，在有知覺自己的「肥肉」是來自零食和牛奶後，有機會到便利商店，她會選擇拿一瓶水，並心裡默唸「我不要變胖子！」，拒絕所有垃圾食物的誘惑，這樣持續三年，體重只增加兩公斤，六歲半二十四公斤，絕對的標準體重。這樣的自我控制特質反應在她日後的學校表現上，讓媽媽在對她的課業要求上省事不少。

培養孩子的自我控制力，其實就是讓他們學會「等待」，現代的父母太容易滿足孩子的慾望，新款手機、電動玩具，隨手可得，巧克力、冰淇淋，張口可吃，沒有「等待」，只有「迫不及待」。不僅兒童，年輕學子刷爆信用卡，辦現金卡的行為，其實就反應無法「延遲滿足」的心理病癥。

比起現代的孩子，我更懷念good old days（美好的過去）。六歲時，我母親為我訂了「養樂多」，在當時那可是一項奢侈品，為了省錢，還每隔兩天才能喝得到。不同於現在，那時的養樂多是矮胖的玻璃瓶身，瓶口還有一個圓形的硬紙蓋，我怕自己一下喝光了這人間美液，就在硬紙蓋上咬一個小洞再裝回瓶口，利用那小洞慢慢啜飲，一滴滴享用著，我母親都還記得在送「養樂多」的特定中午，我坐在門檻上，引頸期盼的神情。

現在我的冰箱隨時放著一打塑膠瓶裝的養樂多，但就是找不回等待良久、小口啜飲的那份滿足感。我家的洪輔、壯妹在便利商店，面對上百種飲料，小小的養樂多不會是他們最佳的選擇，當然他們也不會有為娘的那種等待的回憶。在一切講究「速食」與「速時」的年代，對現代的小孩而言，立即的滿足到底是幸或不幸呢？

需要立即滿足的孩子，通常也顯現較低的挫折容忍度，也就是現在所說的「草莓族」，脆弱又不能承擔失敗的責任。會形塑出這類族群，父母親的教養態度要負大部分的責任。他們一方面「縱容」孩子的慾望無限制延伸，但一方面又用批判及指責的方式來與孩子溝通。每次參與親職問題的討論時，在場的媽媽常常反應，現在的孩子擁有一切，沒有理由沮喪，這些媽媽是如此努力的營造家中「民主」的氛圍，但孩子仍然是霸氣中帶著脆弱，讓她們備感挫敗。

的確，現代的媽媽學習著緩和親子間的僵局，但大人本身的焦慮及不安全感，往往在生氣時，講出讓孩子更加退縮的話語。洪輔就曾經在忘記帶作業，被老師寫紅字且被我斥責後講出：「媽媽好像隨時要在我說謊時把我逮個正著，每次都辯駁無效，最好的方式就是編個事件，讓大人逮不到。」

當我們對小孩的表現失望時，就容易採取指責的方式，並且認定他們是「明知故犯，習於挑釁」，一連串的「口語暴力」就此展開。孩子通常採取閃躲策略，十次只要能逃過一次，就表示賺到了。再有克制力的父母，在生氣時與孩子「溝通」是絕對「不通」的，且經常使問題加劇。

從經驗中我學會要慎選戰場，在自己的大腦已被氣憤盤踞時，僅有小小的腦部空間可以運作事情該如何處理，通常所做的決定都不是最好的，為避免事後後悔，我們可以說：「大家都很生氣，再這樣講下去一定沒有結論。現在不是繼續討論的時候，我們都先冷靜一下，等一會兒再說！」留給自己時間，是在保持「戰力」，趁這段偃旗息鼓的時候，想好對策，吸一口氣之後所講出來的話，通常比較有邏輯脈絡，親子之間也較能就事論事，不用在情緒性的字眼上，弄得兩敗俱傷。

此外，父母的管教方式決定孩子處理事情的態度，包括是否願意為行為負起責任及對事情的挫折容忍度。管教即是執行紀律，讓孩子在安全的環境裡學到合理的規範、限制及明白後果，也就是讓他們在大人不在的場合也能三思而後行，展現自我的控制力。

過去，我為了培養洪輔的自律，給他立了許多規定並明白告知可能的後果，像是我不在家時，他只要寫完既定的作業，就可看電視或玩點電腦遊戲，結果，他功課是寫完了，但字跡潦草，一看就是應付了事，毫不精緻。我忽略了環境對他的誘惑，沒有大人的約束，那不僅是心靈的自由，也是身體的解放，身上所有潛藏的「壞因子」在這時都蠢蠢欲動，更何況要遵守的規章是父母親片面性的決定，沒有考慮到孩子的需求，對他們而言，當然是得過且過，先玩再說。

我對洪輔的管教從循循善誘到責罵懲罰，最後學習到，要教導孩子自制，必須給予合理的環境、實際的期待及具體的規定。我不能把他放到一個糖果屋要求他不吃任何東西，或把電腦擺在他眼前，要他不去碰滑鼠，好似在考驗他抗拒誘惑的能耐。

我們可以在充滿「分散注意力」的環境中，給予他基本「本能」的滿足，例如，要求孩子寫完五百字作文一篇，要檢查不能有錯字或注音符號，內容要有結構性，至少涵蓋二十個形容詞，否則退稿重寫，完成這些後，他便可以做自己樂於做的事。有明確的指示，在檢驗學習成果時才不會讓孩子有打混的空間。父母不在時所交代的作業，最好不要是有附答案的測驗練習卷，千萬別太相信小孩子的誘惑忍受度，他們「描寫」答案的功力可是一流的。

理論告訴我們，十二歲以前的孩子，都還處於「他律」的階段，需要他人的規範才能成事。隨著年齡漸增，再加上合理的要求，他們才會慢慢脫離「他律」而發展成「自律」，因此小學階段的孩童在老師一轉身就吵翻天的現象絕對是正常的。

如果能在青春期或更早展現絕佳的自制力，大人在欣慰之餘也要警覺他們是否在情緒上過於壓抑。前陣子，有位建中生跳樓身亡，記者訪問他過往的老師，大家除了讚嘆他學業成績優秀外，還特別提及他具有良好的自我管理能力。對年輕的十五歲生命而言，早熟的情緒控制力，不見得是件好事，他在別人高度期許下，更加節制自己的情感以符合周圍人所給予他的定位，當遇到不順心的事情，而情感又無法宣洩時，染紅的青春便是他生命的終結點。每每憶起這位男孩，我就慶幸洪輔還會吼，還能叫，雖然每每被他氣得半死，但只要能感受到生命的動力，那何嘗不是另一種幸福。

從吃棉花糖的延緩享樂到自制力的培養，大人其實不斷在重演自己的成長經歷，只是現代的時空背景已轉變，當年在我們身上可以驗證的成功劇本，不見得能反映在這一代孩子的思維脈絡中，但我們處理事情的方式會深深影響孩子，如果我們在面對挫敗時能成熟的走出負面情緒，可以用正面的方式把心力重新放在其他領域，讓他們理解，滿足需求的程度可以不同，不要一次就想全部滿足。

認清到憤怒會導致溝通失敗的事實，在充滿誘惑的環境中，堅持對紀律的執行，才能讓孩子享受「等待」的美好及「自制」後的成功體驗。

誰當家？

「父母總是在自己和孩子的需求間拔河，而這個衝突通常導致一場有關子女人生主權的爭奪戰。」

人類的社會中，成就和競爭向來受到推崇和獎勵，為了不讓孩子輸在起跑點，家長熱中於助長孩子的成就發展，參加各類型的才藝活動，甚至是競賽，這便是親子主控權之爭的第一戰場。

前陣子帶著洪輔參加兩年一度的台北市大提琴比賽，比賽倒數計時前兩週，我的焦慮指數不斷增高，督促他練習的聲調急促到小壯妹都會閃到一旁，以免誤觸地雷。洪輔的學琴史有五年，這個原本以陶冶及支持為始的休閒活動，在比賽的框架下，日漸變質為沉重的壓力。我似乎比兒子更投入這次的競爭，忘譜、走音、弦斷等可能發生的荒謬情節，不斷干擾我的思緒，可惡的是，洪輔竟老神在在的看著我的慌亂，似乎要上台的是我而不是他。

比賽當天，一進會場，「肅殺」之氣瀰漫，家長用眼神餘光彼此打量，小孩們則都是一副事不關己的模樣。

慌亂中，剎那間，突然發現周圍每個人的眼光全投向入口處，一位「氣宇軒昂」的女孩走進來，後面跟著的是幫她推琴盒的父母，洪輔在耳邊提醒我，那個泛著銀光的琴盒是個高檔貨，光是包裹於外的盒子就所費不貲，至於其內的那把琴，其身價可想而知。

一位熱心的媽媽告訴我，那個女孩原本在小學是唸音樂班，而且還拿過全市冠軍。她的媽媽是位鋼琴老師，對她督促有加，找盡全台名師來為女兒加持，但兩年前的全國比賽，竟因太緊張而「僅」得第三名，這位小姐升上國中後，就不願與音樂班結緣，今天她是以「非音樂班」的身分來參加比賽。

聽完整個背景介紹後，我不禁多打量了她兩眼，微蹙的眉頭，緊閉的雙唇，分不清是全神貫注，或是心有不甘，當她母親提醒她先去上廁所以準備上台時，她的臉色充滿不悅且不願。輪到她上場，從起弓到收弓，都展現水準之上的演出，洪輔聽了忍不住低聲叫好。她步下舞台後，爸爸連忙接起她手上的大提琴，媽媽則面有微慍的不斷在她耳邊叨唸，這位小姐則是三步併做兩步的「逃」離賽場，留下跟不上步伐佇立在原處的父母，及一群坐在觀眾席遠望這一幕互動劇碼的我們。

對所有成年人而言，當你熱切期望孩子成功時，其實自己正處在危險中而不自覺。你可能太過投入孩子的活動而分不清是自己還是孩子想成功。當活動對你的重要性超越了它對孩子的重要性時，孩子會覺得他的主權被剝奪，並損及他參與的興趣。

有趣的是，過度投入孩子活動的家長，通常是因為孩子頗為「傑出」，家長能因他而榮耀，滿足過去所沒有的成就。

美國學者斯摩爾（Smoll）曾提出「逆向依存的陷阱」（reverse dependency

trap）的概念，指的是父母根據孩子的成就來決定自己的自尊，當孩子表現良好時，家長就覺得光環罩頂，走路有風；而孩子失常演出時，則是掉入黑暗深淵，覺得所有人都在背後竊笑自己的教育失敗，這種把孩子的成敗當做是自己成敗，利用孩子感同身受生活的父母，最在乎的其實是自己本身。

在心理諮商的工作中，處理最多的親子問題，莫過於父母親把孩子當成自己存活的重要憑藉，過度涉入孩子的人生，讓自己的快樂變成孩子的責任。像是成不了鋼琴家的媽媽，發現女兒有音樂天份，便嚴格要求她去追求成功，企圖利用女兒彌補自我的遺憾，在過程中所有的爭執，父母親一句「這一切都是為了你好」就可為自己的「強勢主導」提供最佳的保護傘。

過去我也常對加諸於小孩的「疾言厲色」找到合理的藉口，在投入心力於洪輔的才藝活動後，很難接受他或許沒有想像中的有才華，起而代之的是對他「態度不積極」的撻伐，不管他採取的是積極的抵抗或消極的應付，所反應出來的都是因為在活動上沒有獲得主控權。所有的家長都應是出自於「善意」的希望能確保孩子達到某種程度的成功，卻忽略了我們要求的或許不是孩子所要走的路。即使一開始是充滿興趣的投入活動，在家長過度介入後，就變成另一處親子互相埋怨的劇碼。美國心理學家吉姆．泰勒（Jim Taylor）就有感而發的道出：「確保子女成功的父母，往往會教出失敗的孩子。而充滿慈愛關切的父母，因為能夠包容子女的失敗，往往可以讓孩子走出另一條光明之路。」

想要藉由孩子的成就以滿足自己生活的父母，只會加重孩子的情緒負擔，即使孩子同意父母親的安排，但行為上也會日漸出現反彈，不是變得退縮，就是以唱反調的方式表現內心的憤怒。家長沒有辦法從自己的生活中獲得足夠的意義和滿足，卻將孩子的成就做為滿足自我的來源，即使未來孩子幸運的登上巔峰，但父母也只能擁抱「抽象」的「教子有方」名號，「實質」的親子關係早已變調，「疏離中帶點驕傲」大概是這類型家長所能得到的最佳待遇，而「疏離中有所遺憾」則是最普遍的結果。

言至於此，到底洪輔這次比賽成績如何？他「安全」的把曲子拉完，沒有忘譜，沒有跌倒，雖有少許走音，但尚在標準範圍內，得到一個可以反映他實力且足以讓他獲得嘉獎的獎狀。而那位聰慧的女孩，以些許差距得到第二高分，這是一個優秀的成績，但我不知道下次比賽是否還會看到她。

一場比賽下來，我的細胞已因緊張而死了一大半，離開會場時，洪輔背著他的大提琴，又是一副氣定神閒的模樣：「兩年後，等我國三要再來比一次」，我抬頭看了他一眼，心裡嘀咕：「兒子，你自己玩吧，老娘再也不奉陪了！」

成功歸我，失敗歸你？

「千萬別對孩子說『我們』一起來解決問題，這種措辭分擔了部分責任在大人身上，也剝奪了孩子的主控權。」

每天早上，我習慣穿越校園到對街買一碗「皮蛋瘦肉粥」當做一天活力的來源。昨天，難得我穿著一身雪白的套裝，準備跨越馬路，突然一輛急駛的計程車呼嘯而來，將地上凹洞裡的土漿濺到我的裙角，我不禁咒罵出來，原本充滿活力的早晨因此被破壞了。我認為司機根本就是故意在挑釁，這種想法讓我心中感到不悅。

又有一天早晨，我同樣要去買早餐，身著淺色褲裝，嘴裡哼著小曲，陽光灑落，感覺很舒暢。在跨越馬路的當下，一輛計程車開過，同樣濺起地上的泥巴水，把我的褲管弄髒了，但我心裡想著：「這位司機老遠就看到我了，且降低了車速，但地上的坑洞太大，即使放慢速度，仍免不了濺我一身，他已盡力了。」這種想法讓我拍拍塵泥，繼續哼歌前進，心情竟不受影響。

同樣是被噴了一身泥，但對事情結果的解讀不同，情緒和行為也跟著不同。解讀一件事情的結果，會影響下一個行為的執行或情緒的發展，這在心理學上我們稱之為「歸因理論」。我被濺了一身泥的解讀，如果認為是司機故意的，情緒就會受到波及，如果認為是無心的，心情就會好過一點。相同的原理，孩子考試成績不理想，問他考差的原因，如果他對成績不好的解釋是老師出題太難或考運不佳等外在因素，我們就可大膽預測，他下次的成績也不會太理想，因為他把失敗結果全歸給別人，自己不需負任何責任。如果孩子把成敗歸因於自己的努力不夠，我們可以預期下一次他會用更積極的態度來面對考試，成功的機會也大幅提升。

我們對事情所下的結論，往往會受到個人生活經驗、知識、理解能力及價值觀的影響。

洪輔的曲棍球隊中有一位後衛，他的表現時好時壞，每次助攻得分大家讚賞他時，他卻無法感受任何喜悅，只覺得是今天運氣好。根據他母親的描述，他在學習上態度不積極，從不認為自己的能力或努力可以為他獲得好成績，往往把錯誤和失敗推諉於老天爺。

幫助孩子領悟努力和成果間的關聯是父母很重要的課題，當孩子學會「努力去做就會有好結果」這樣的因果關係時，就能對自己的成就建立「控制感」，覺得自己可以掌控未來努力的成果，自信心和榮譽心便隨之而來。

洪輔參加第一次大提琴比賽時，不夠積極認真，因而喪失進入全國決賽的資格。他當然非常沮喪，媽媽這時和緩但堅定的告訴他，主要的癥結在於他的努力不夠，同時拿出評審團的評鑑表，一一列舉給他聽，弓法不對、斷奏不夠明確……，都是他常被提醒但卻不思改進的問題。接著安慰他要確實改正這些缺失，再加上努力，明年一定會有好成績。同時也讓他知道，決定權在他自己。換個角度，如果這時候我告訴他，都是評選委員的錯，他其實是比其他參賽者優秀的，洪輔將不會為這次的結果負起責任，因為他看不到努力不足和失去資格間的因果關聯。往後他可能會坐以待斃，等著換一批評審團他就可以出頭天，或從此失去了再學習的原動力。

在歸因理論中，除了讓孩子不要把成果與運氣、出題太難等外在不可控制的因素做連結外，也盡可能不要與「能力」做結合。能力是一種穩定且不太可能改變的特質。我們必須承認有些人天生就是比較聰明，學習比較快，大部分的人則是需仰賴努力才能達到目標。如果孩子對事情的成敗都歸因於自己的能力太差，無可救藥，這樣是很容易導致「學習無助」（learning helpless）的，當然，如果把成功都歸於自己的聰明，把失敗與愚笨畫上等號，孩子也不會付出心力，專心投入於該專注的目標。

我們應該在孩子的學習過程中，順其自然的讓他發展整體的「能力感」。

我曾在壯妹要求我協助她做自然作業時幫忙過頭。學校要求學生記錄植物生長的過程並做成報告。母女倆每天拍照澆水，繳交記錄前夕，媽媽突發奇想，買了色紙、粉彩紙把報告的外觀做成一份待拆的聖誕禮盒，並對自己的創見洋洋自得，壯妹從剛開始的熱衷參與，到最後的袖手旁觀，不見她對「自己」作品的「賞識」。

隔天她下課回來，媽媽迫切欲知成績為何，她僅僅淡淡的說：「老師給了98分，且被展示在穿堂，供大家欣賞」，這樣的「勝利」，她卻沒有感同深受。我過度的熱心讓她認為自己不被信任足以勝任這個工作，得來的榮耀也不歸她所有，反而產生對自我能力的懷疑。

壯妹的反應再次讓我覺得，該在她的學習歷程中充分讓她體驗有關達成目標的各種情緒層面，包括挫折、錯誤、失望、喜悅等，唯有經歷這些，她才能自己面對可能的挑戰，最重要的是懂得處理失敗後的情緒及儲備再出發的能量。或許，在她請求協助時，我該做的是教她如何解決問題，而不是涉入其中，例如：可以請她說明要如何完成這個報告？遇到不能澆水時該怎麼辦？該如何把資料分幾部分處理？協助她解決一般問題的技巧，形成習慣，她就能獨立思考。

我喜歡心理學家吉姆・泰勒（Jim Taylor）的告誡：「千萬別對孩子說『我們』一起來解決問題，這種措辭分擔了部分責任在大人身上，也剝奪了孩子的主權感。」這個論述與國內親職專家的看法不同，但想想真實的經驗，上台比賽及交作業的都是孩子本人，成敗也是他們在承受，既然不是「我們」一起上台比賽，就不該以「我們」之名，加重孩子成敗的負擔。

孩子對事情的慣性歸因往往和父母的態度有絕對的關係，如果大人對挫敗表現出怨天尤人的反應，永遠抱怨別人的不對，卻從來不反思自己的行為，孩子自然就會向這種不健康的反應學習，凡事都會用外在因素來歸因。有趣的是，大人雖了解強化努力的重要性，但自己在日常行事中卻在在違反這樣的原則。

我周圍一些貴婦朋友，為了塑身美容真是無所不用其極，萬元保養品絕不手軟，每晚呼拉圈搖到腹部淤青仍樂此不疲，但當妳問及如何保持窈窕曲線時，她們的回應通常是：「哪有保養啊！我是最懶的，且又愛吃，自助餐每次都要拿六次……」，她們對於那些應該最被珍視的「努力過程」完全避重就輕，大人寧可被稱讚「天生麗質」的能力本質，也不願凸顯努力的價值，這樣該如何在言行上說服孩子努力必有收穫呢？

如果孩子因我們的引導，將成敗歸於努力，他們也必須了解成功需要有多方因素配合，即使付出努力也無法一蹴可幾，遇到挫敗的比率仍相當高。父母該如何協助孩子成熟的走出負面情緒，是決定他們願不願意「撐」下去的關鍵。

在少子化的現代社會，父母親對孩子過度保護，捨不得他們承受挫折、憤怒，及傷心等情緒，為了安撫這群金童玉女，不惜「以身試法」，不斷涉入孩子的學習歷程，結果孩子因為沒有機會經驗自己的情緒，長大後更無法因應社會挑戰，行為上便出現沒耐心、想要什麼就必須立即獲得，以及極低的挫折容忍度，父母當初的「好心」也成了一輩子的「操心」。

要培養情緒成熟且能正確歸因的孩子，要在他們挫敗時，先穩定自己的情緒，不要表達出不當的憤怒，用太多如「笨」、「白痴」等情緒性字眼。等他們把失敗、生氣的情緒轉正，冷靜後再來釐清原因。

當孩子將成敗原因歸於能力或運氣等外在因素時，藉機教育，告訴他們掌控自己的努力程度，只要有付出就能有所表現，同時每個人都必須學習，個人內在世界只屬於自己，所想的每件事、每個感受，以及行為，都在自己的掌控中。父母是為了孩子的努力而付出關愛，並非根據最後的結果，當孩子感受這一層，勢必會為自己的行為負起最大的責任。

第四篇

陪孩子走段學習的路

聰明的孩子為何考不好？

聰明的孩子，可以過著精采的生活，
卻無法在學校中自在的生存，
他們對自己有某種程度的期許和想法，
當這些和真正表現出來的能力及所獲得的成績有落差時，
他們就會感受到壓力。

聰明的孩子為何考不好？這大概是十年來參加親職座談被問到最多、但也是最難回答的問題，因為它牽涉的因素太多，但被理解的太少。

從最基本的生活起居說起，在孩子學習自己進食的初期，父母親「捨不得」孩子把嬰兒食物灑得滿桌都是，因此由自己或菲傭代勞餵食，殊不知這是剝奪孩子訓練小肌肉協調的機會。想想看兩歲大左右的娃兒，能利用小湯匙把食物送進嘴巴裡是需要多少神經細胞及大小肌肉的配合，而這些是奠定未來寫字的基礎。現代小一新生常常把字寫在格子以外，或是字體歪斜不整，就是小肌肉缺乏操練所致。再看看小孩的鞋子，過去四、五歲的娃兒被訓練如何綁鞋帶，綁了又鬆，鬆了又綁，來回好幾次，也挫敗好幾次，但無形中讓小肌肉可運用自如。現在的幼兒鞋，為省麻煩，全部都用「魔鬼粘」，一黏就可上路，雖然方便，卻少了一個磨練的機會。

當孩子長大，進入小學階段，家長聽到最多的批評是「上課不專注」，「分心」似乎是孩子學習不佳的共同語，課業表現不理想，「不專心」就是最能讓家長信服的理由。孩子不專心除了覺得上課乏味，引發不了興趣外，其實有一個最被忽視的問題，就是孩子記憶力的負荷度有限。

舉例而言，有些孩子聽力很強，老師說什麼，他就能把所有聽到的訊息記起來。有些孩子的聽力可以負擔的範圍較小，像一句十個字的話，他只能聽進六個字，剩下的四個字就自然遺失掉了，上課時即使他很想認真，但聽了十幾分鐘，因負荷力不足，無法吸收全部訊息，自然就會露出不耐，轉而做其他事去了。故有時孩子的不專心是「非戰之罪」，不是孩子不想專心，而是他沒有能力專心，學習成效當然會受影響。

我們可以用一些簡單的方法檢測孩子的專心度，像是唸一篇小故事，大概一百字左右，然後請孩子聽完後，就他記憶所及把故事再講一次，看他能回想多少，如果他說的故事完整性低於六〇％，則他的聽覺記憶需要再訓練，因為台灣的老師八〇％的時間是在「說話」，孩子的聽力一定要夠好，才能學得輕鬆。

要幫助聽覺記憶較差的孩子，除了多唸課本，請他回述外，也可以建議老師多寫字在黑板上，他的聽覺不佳，但或許視覺記憶頗好，用「看」的可彌補訊息遺失的問題。此外，我們也可把每一句話講短一點，或多停頓一點，讓孩子安心把話聽進去。

總而言之，要提升孩子的學習，先要打通他的「任督二脈」，大小肌肉運用得當，聽力負荷夠，視覺記憶也好，這樣才能聽什麼記什麼。

基於心理學的專業訓練，洪輔到了可以運用四肢的階段，我就開始注重他的統合協調能力，所有的理論告訴我，六歲之前孩子的發展任務就是「玩」，反映在日常生活中就是讓他充分運動，特別是球類，藉由丟球、接球訓練手眼協調。小小年紀開始訓練他自己吃飯、綁鞋帶，在他睡床附近擺滿了童話書籍，隨手可翻。八歲時他通過資優生的鑑定考試，使他成為四肢發達，頭腦也不簡單的孩子，這應該歸功於他的全身筋骨已被打通，因此學習速度及效率也比較快的緣故。

但這樣的「資優生」考試也常凸搥，他的問題不在資質，而在於動機與學習態度。自恃聰明、對學習不夠「謙卑」，往往會挫敗連連。十幾年來我們母子的戰爭沒有因為他的聰慧而停火，反而因他沒有好好利用資質而哀鴻遍野，所以當被問起「聰明孩子為何考不好」時，我只有苦笑加「經驗分享」。

聰明的孩子考不好，往往也與他們的學習慣性有關。由於台灣的老師較缺乏啟迪思考的教學技巧，無法激發孩子的學習動力，考試的方式也以強記的題型居多，這些都讓學習變得枯燥無趣，孩子因此對學校課業採取被動接收的方式，面對成績沒有展現企圖心，對於一些細微的概念，也不想去分辨清楚，常常只做大方向的理解，不去沉澱再思考，也不多做練習。考試作答，往往粗心連連，成績自然不夠漂亮。

反觀一些資質中等的孩子，深知自己需要付出一些心力才能與別人抗衡，因此養成凡事細心謹慎、按部就班遵從老師的指示，沒有靈光的頭腦，卻有亮眼的表現。聰明的孩子即使學得比別人快，卻像龜兔賽跑中的兔子，跑得快卻在旁邊涼快，別人後來居上，他往往給自己無數個合理化的理由，不面對自己學習上的盲點，不能謙卑的在課業上挑戰自己的能力，形成一個惡性循環後，就落入「聰明孩子壞成績」的遺憾中。

此外，聰明的孩子往往被賦予高度期待，當無法達成目標而被苛責時，他們又厭倦重複的訓誡，再加上自我強烈的風格，很容易與父母親或老師「槓」上，引發關係上的緊張。

面對這樣的孩子，有能力的家長便找機會把他們送到美國、加拿大等國家，藉由多元的教學方法，讓這群孩子找回學習的自信與快樂。事實上，台灣的教育系統雖不夠活化，缺乏思考的啟發，但對知識的基本要求和訓練仍有可取之處，許多優秀人才雖在美國發光發熱，但台灣教育所提供的紀律情操也該被記上一筆。

面對聰慧但有學習適應問題的孩子，我們要提供的是符合他們學習風格的讀書策略。例如，與他們討論出合理的目標，給予適切的鼓勵。考卷發下時對於每一道答錯的題目做「思考」的檢討，要求他們講出當時答題的想法，為何會這樣答？錯在何處？對的答案為何？以後該如何做才能避免錯誤發生？若對於錯誤答案都用這種方式去反省，形成一種慣性，就能逐漸減少錯誤率。

聰明的孩子，可以過著精采的生活，卻無法在學校中自在的生存，他們對自己有某種程度的期許、想法，當這些和真正表現出來的能力及所得到的成績有落差時，他們就會感受壓力。雖然壓力有時來自大人，但大多數是孩子自己造成的。這些壓力包括希望被同學接受，逃避老師、爸媽的責難，完成自己的美夢，取悅自己喜歡的老師等等，當他們的智力在學業表現上失利，令人失望時，往往就是這些孩子枯萎的開始。

身為父母的我們，不能改變既有的教育現實，再不滿學校教法，我們的孩子還是得接受聯考的考驗，且根據排名落點處決定聰明的定義，我們可以做的只能與孩子站在同一陣線，協助他「找對讀書方法」，相信他願意為自己的成敗負起責任，遇有「凸槌」現象，也只是他想「休息」一下，儲存再出發的能量，不需用放大鏡來檢視每一項行為表現。能做到這些，就算是成功的父母了。

童話故事裡的結局永遠是「王子和公主從此過著幸福快樂的日子」，沒有人關切他們結婚之後的「下場」。在學習的殿堂裡，我「培育」了一個資優生，但然後呢？然後就是問題連連，所有父母該操心的問題我一樣也沒少，別人家沒有的問題，我卻也免不了，一路走來，我的教育心理學理論，因孩子的狀況連連而充實不少。

接下來的三個章節中，分別談論了文章寫作、創造思考與批判能力三個主題，這是洪輔、小壯妹成長過程中，我曾付出的小小努力，而且在他們身上也看到成效的經驗。在日常互動中，加入一點學習元素，既簡單且有收穫，讀者不妨「撿」著用。

學習牽涉的變數很多，我們僅能在有限的親子相處間，儘可能發揮我們所能提供的，但不要因此期望可以造就一個學習小天才，即使產出了小天才，然後呢？然後問題還是一籮筐，我們就在這個漩渦中持續學習做父母！

大提琴事件的啟發

事實上，樂趣是教不來的，完全要靠當事人去體會。
每次「勉勵」洪輔去享受那種全力以赴後的榮耀時，
他都會出現那種彷彿我是外星人的眼神，
一副生活的樂趣由他決定，我的樂趣與他何干的態度。

看到王建民穿著洋基40號球衣，又登上大聯盟的投球板，台灣大概有五〇%的男孩都希望能像他一樣成為職業運動員，但真正如願的可能只有萬分之一。

我曾經因為兒子在數學競試上的表現，而幻想他能成為奧林匹亞競賽的代表，化約為具體行動的第一步就是把他送去受訓，十個星期下來，雖沒有倒了他對數學的胃口，卻讓他對所謂的數學競試失去興趣。面對大小不同的資優會考，洪輔沒有選擇的必須參與，得到的成績雖在平均值之上，但你可感受他並沒有太大全力以赴的動力。

在所有的親職座談會中，被問到最多的問題就是：「我的小孩為什麼對任何活動都一頭熱，然後就不了了之？」、「為什麼他們對功課都提不起勁？」、「到底要如何提高孩子的學習動機？」

動機可以說是教育議題中最難解的。雖然所謂的教育學者可以提出數十個「提升動機」的策略。但由於孩子的個別差異太大，再加上每個家庭的脈絡不同，即使是「專業」的建議，也很難達到「立竿見影」的效果。

面對每一個活動或才藝培養，孩子都是抱著好奇的心態投入，但時間一久，新奇感一消失，若要持續下去就必須藉由活動中的樂趣來維持了。樂趣可以是活動過程本身產生的元素，也可以是活動最後結果的酬賞，無論哪一項都不會與父母的投入沾上邊。包括我自己都會犯同樣的錯誤，就是要孩子藉由活動達到某一種「可看得到的成績」，如果他們在過程中表現出興趣缺缺，我們便會火大的請這群「好命」的小孩，去檢討自己的態度問題，結果是爸媽錢付得嘔，孩子學得也不爽，親子相看兩厭，真不知招誰惹誰了。

事實上，樂趣是教不來的，完全要靠當事人去體會。每次「勉勵」洪輔去享受那種全力以赴後的榮耀時，他都會出現那種彷彿我是外星人的眼神，一付生活的樂趣由他決定，我的樂趣與他何干的態度。

在學習的過程，要讓一切充滿樂趣幾乎是不可能的，特別是過去教育界流行的一句名言便是要孩子「快樂學」，但參與第一線教育的老師會回應「快樂學，安樂死」，太過理想化的強調學習光明面，而忽略其中可能伴隨的單調和辛苦，很容易讓孩子因沒有準備而在遇到挫折時放棄。我們或許不能「給予」活動的「樂趣」，但起碼可以「消除」活動中的「無趣」。

家長的過度投入應是無趣指數的最高點，這點從洪輔希望我不要出現在他的才藝活動中就可得到驗證。當我因「反省」而對自己行為有所「收斂」後，他反而會主動的分享活動中的點點滴滴，而不再是我問一句，他答一句，有一搭沒一搭的單調對話。

孩子失去樂趣的原因很多，對小壯妹而言，不想繼續參與活動的原因，通常是不喜歡老師的教法，或參與的同學與她的「調性不合」，她對人際問題較為敏感，一位她不喜歡的女同學，如果與她分在同一組，她對活動的興趣便會打了折扣。這時，我便需要與她討論參加活動的原始意義，及與同儕有衝突時，該如何面對，如果每次都因朋友相處問題而影響意願，那她的損失會是什麼？澄清完，最後由她自己決定是否要繼續此項活動。由於壯妹是屬於積極的學習態度，只要情緒處理好，她會主動前進，因此我對她的決定都給予尊重。

相對而言，處理洪輔則是「困難」許多。他的成功慾望比起壯妹而言，實在低了許多。我很擔心，如果不介入，一切都給他做決定，那下場定是「一事無成」，就因對他的「不信任」，母子間在活動歷程中的拉鋸，就是讓原本的樂趣變無趣的罪魁禍首。

幾年前的「大提琴事件」，則是使我正視到讓他擁有「主控權」的重要性。話說洪輔七歲學大提琴，維持過去「慣例」，初期對他那把琴充滿崇拜，ㄍㄧ　ㄍㄧ　ㄍㄚ　ㄍㄚ的噪音讓全家人耳朵差點長繭，隨著老師的要求越來越多，譜子越來越難，他開始需要媽媽的「提醒」，最後故態復萌，需要媽媽的訓誡才會想到練習。由於學琴的經費高出其他才藝項目許多，再加上洪輔的「不積極」，我也想順勢終結與大提琴的緣分。

詢問洪輔時，他又是一付「食之無味，棄之可惜」的模樣，如此「牽拖」多時，直到他的琴不小心摔破一個小洞，需送回原廠修理三個月。大家因此可以名正言順的彼此休息一段時日。當修琴師傅請我去付錢取琴時，我一副意興闌珊的遲遲沒有行動。

這次倒是洪輔主動要求想要繼續學琴，而我也在他後來的學習歷程中不加干涉，實在是要管的事太多，學琴這碼事就由他自由發揮吧！神奇的是，從此洪輔與大提琴的琴緣持續到現在，中間他參加兩次全市比賽，並兩度當上世紀少年弦樂團的首席，而且完全是他自發性的想要投入，問其理由，他瀟灑的回應，因為我「放他自由」。他做自己想要做的事，而且強調是「他自己」主動，那種感覺還不錯。忍不住追問，有沒有可能因不被「要求」而不了了之，他的回應仍是，只要是「自己」有興趣的，即使有點辛苦也不會輕言放棄。

我在心理學領域中，看到許多實例，乖巧的孩子，尤其是女孩，因順從父母的期望，長期壓抑自己的憤怒及失望，最後表現在嚴重的飲食失調上，原因很單純，因為這部分是她可以當家做主的。

從「大提琴」事件，我得到的「啟示」是，建立孩子對某個才藝活動的自主權，讓他多一點時間和機會去體驗不同活動的可能性，協助他們建立可達到的目標，並與他們「分享」活動中所遭遇的喜樂與困難，絕對不要放入自己的「需求」在裡面，也不要幻想投入一點時間與體力就有成功的果實，這個過程有許多親子間的妥協與拉鋸，慎選自己的戰場才能降低自己的「激動」指數，提升孩子的「動機」指數。

戒掉「唯我獨尊」的作文

一千篇小學生文章的總字數平均是五七六九字，總共使用了二二〇九個不同的單字。在這些不同的單字中，按使用頻率排列，「我」字居第一位，此種「唯我獨尊」現象，直到六年級才被「的」字取代。

洪輔的作文，老實說寫得很不錯，從他有「知覺」開始，我便在他的床邊放置各式各樣的童書，在他「蠕動」、「爬行」完後，如果深感無聊，便會與這些書「玩耍」，從啃食、堆疊、閱讀到寫作，「書」一直是陪伴他成長的重要工具，他第一篇可被「辨識」的文章大約三十個字，寫作年齡五歲，我在不影響他閱讀興趣的原則下，利用一些小策略，鼓勵他多多動筆，雖然中間少不了爭執，但終究讓他成為一位寫作高手。

大部分人的第一篇作文都是以「我」為主題，然後再以此為中心點，向外延伸，變成「我的家人」、「我的志願」、「我的家」……。張春興教授曾以小學三至六年級男女生共一千篇作文，每一年級二五〇篇為材料，對兒童使用單字數量及年級與性別的關係，從事分析研究。結果發現，一千篇文章的總字數是五七六九字，總共使用了二二〇九個不同的單字。在這些不同的單字中，按使用頻率排列後，居於第一位的字就是「我」字，此種「唯我獨尊」現象，直到六年級才被「的」字取代。而事實上，在作文中單字組合時，「我」的結合仍是最多的。

洪輔從五歲開始寫小作文，任何主題的開頭，言必稱「我的名字叫洪輔，我……，我……」，十句話裡起碼有八個「我」字。從學理上而言，在一歲半左右開始說話時，當幼童覺得是在寫自己時，就會用「我」字來表達意思。隨著年齡增長，經由親子互動、同伴間的人際關係，逐漸認識自己與他人的差異。

兒童在七歲前，往往以自我為中心，任何事情都以自己的角度為基準，很少去揣度別人的感覺，寫文章時自然而然就以「我」為起始點。因為他們覺得是在寫自己的想法，當然要把「我」呈現出來。孩子使用的語法很簡單，從「因為」如何到「所以」如何，都是直接陳述自己的感覺。在文字上，也是筆隨意走，想到什麼就寫什麼，沒有修飾可言。

要改掉作文裡不斷重複字詞的習慣，可以多玩玩「替換」遊戲，譬如說，「快樂」可以用哪些字替換？「高興」？「愉快」？「興奮」？另外，「強壯」還有其他字和它的意思相同嗎？「高大」？「勇敢」？「又大又強」？當孩子的字彙累積越多時，玩得越豐富，效果也越好。

對於洪輔這種四、五歲的娃兒來說，是不需要對他有任何要求的，只要他們願意講願意寫，我們就可以點頭稱是鼓掌叫好了。這時的孩子都有一雙想像的翅膀，帶著自己的思緒任意飛翔，隨時隨地隨意把創意和驚奇放在生活中。身為父母的我們，能為他們做的，便是以支持的態度，不斷延續他們這個特質，因為他們進入學校後，很可能會被一連串僵化的規矩與「作文範本」磨掉了他們的創意。能夠在學習的萌芽期就強化他們的想像力，這些累積的籌碼才能幫助他們在未來的日子中「抵抗」傳統框架。

至於開頭提到「言必稱我」的習慣，在學前不必太在意，那是孩子以自我為中心的一種反射，沒有以「我」做開頭，他們會很難下筆，把想法延續下去。倒是隨著年齡漸長，他們會慢慢體會到，即使是表達自己的想法，也不用把「我」字冠上，思維模式從「具體」漸進為「抽象」，可以發揮的空間會更大。

幫助孩子改掉「言必稱我」最快速的方法是，「規定」孩子在一篇文章內，盡量不要出現重複的字句，意思相同的要能轉化成不同的詞句來表現，一個段落內不要出現太多的「我」，如果是講同一件事，可以善用連接詞，如「和」、「而且」等，「我」字出現的頻率便會逐漸降低。

「規定」孩子如何如何，只能提供有限且短暫的表面成效，要能寫出深沉動人的文章，靠的是「感覺」。當孩子對周遭的事物有感覺時，相對的也比較容易對要寫的題材融入感覺。以「我」這個主題為例，可以幫助孩子探索自己，「我覺得自己是一個什麼樣的人？」

學齡前的孩子，通常會從外在作描述，如「我的頭髮短短黑黑的」，「我穿的衣服是紅色的」，如果能引導他們從內在去發揮，把自己的感覺表達出來，就會出現，「我覺得好傷心，因為……」、「我好高興哦，看到這麼多隻兔子……」等字句。要能把感覺描述得更多，大人可以分享自己的心情，告訴他們「我也覺得好愉快喔」、「除了高興外你還覺得如何呢？」、「還有呢？你再說說看！」當孩子說到「不知道」時，你可以補強，「是不是有一種溫暖的感覺，還是……」，藉由話題的延伸，讓他們表達更多的情感。製造機會把主題延續下去，累積一段時間後，孩子不僅能把想法表達得更好更多，最重要的是，他們學會用「心」去看周遭的事物，隨時會去感覺，感覺越豐富的孩子，文章的表現會越精緻細膩。

要能把感覺寫下來，字彙的豐富度很重要，如果閱讀的書籍太少或懂得詞彙不多，就很難下筆，「多看、多讀」其實就是未來能行雲流水的不二法門。

寫作是一種探索，它讓孩子透過字詞表達每天生活的喜悅和苦痛，幫助孩子探索內在的自我。一些文字、句子的鋪陳，就好比用蠟筆在著色一樣，是孩子個人視覺經驗的展現，表達他對這個世界的知覺。

有「感覺」再加上一些「規定」，孩子便會隨著經驗的建構，透過文字，延伸出更多「我」的想法，在減少「我」的贅詞後，便慢慢塑造出具有自我特質的文章風格，父母就可以脫離言必稱「我的名字……」為首的無奈了！

你的弱點

12	11	10	9	8	7	6	5	4	3	2	1
24	23	22	21	20	19	18	17	16	15	14	13

96

日期：12/1

座位：1-1

姓名：張[illegible]

邂近柏林愛樂

曾在DVD中聆賞過交響樂的震撼以及感動，曾在舞台上見識過交響樂的輕快與靈動，曾在音樂廳中發現表演者的專注與汗珠。他們的聲音感動了人心也將人平靜如止水的心情翻起滔天巨浪。今天有幸在中正紀念堂的外面聆聽「柏林愛樂的實況轉播」。

的天空飄著細雨，但其中散發著古典的味道，柏林愛樂所發出的特有氣息在天空盤旋著。第一次在音樂廳外享受音樂之美，而我的第一次，就是頂極，就是世界之最。當聲音一出現，心中就馬上體驗到真正音樂帶來的感動。柏林愛樂最厲害的是團員和指揮之間的互動，他們就像朋友一般，指揮手一揚，團員們頭一低，有生的聲就此誕生，再加上觀眾的專注與熱情，展現一種奇妙的精神力，帶領人們進入另一種境

專用稿紙

你的弱點	1	2	3	4	5	6	7	8	9	10	11	12
	13	14	15	16	17	18	19	20	21	22	23	24

就是偉大。柏林愛樂就是不一樣。在綿綿細雨中帶來溫暖，也可以震撼心，讓人們重新站起。文章到了收尾，柏林氣息這首樂曲在耳邊響起，所有的觀眾隨著音樂一同前後擺動展現自己的風采與興奮。柏林愛樂是人們的驕傲，弦樂柔和的質感與管樂澎湃的音色將在人們口中歌頌著，讓他們的情感刻骨銘心，永垂不朽！

樂團和觀眾凝聚的能量，
使音樂之外的美好在此展呈。
這份艾憑而生的動人，
是同屬於演奏者和聆聽者的，
而一個個跳動的音符，
便是傳遞能量的
靈動的精靈！☺

日期：
座位：
姓名：

專用稿紙

96

感受性絕佳！

日期：11/3　座位：1　姓名：沒甫

大師的收尾

一、貝多芬命運交響曲

命運的收尾有如一種光榮的繽紛在心中迴盪。我彷彿看見貝多芬心中的勝利，不論發生什麼事，心裡的那種澎湃已是真正的贏家，而他那震撼人心的樂章，使我體內的每一個細胞都活躍起來，無一不在興奮的鼓掌，而在我的血脈中充滿了強而有力的力量，使我的心不得不熱血沸騰，那豪放的衝動一股股的撞上我的心頭，讓我也有一種跟著一起沾光的感覺，我覺這就是貝多芬命運交響曲真正的精髓所在。

二、拉赫曼尼諾夫第二號鋼琴協奏曲

跳動的手指在鋼琴鍵上不住跳動，也同時在我耳膜上發出輕快的聲響，但在下個階段帶給浪漫的情懷，這兩種節奏互相交錯，使我的心境不得不交在拉赫曼尼諾

12	11	10	9	8	7	6	5	4	3	2	1	你的弱點
24	23	22	21	20	19	18	17	16	15	14	13	

日期：11/3　座位：1-1　J2A　姓名：洪甫

夫的手中任由他隨心所欲的操控，他讓我的心彷彿感受到他心靈中的莊重與輕快。

三、德弗札克NO.9「新世界」

「新世界」的輕柔勝過拉赫曼尼諾夫、而他的澎湃勝過貝多芬，輕柔時有如一位嫻淑的妻子，細心呵護家人，使人心中無比甜蜜，但壯闊時卻有如大戰開始時的那種吶喊，讓人心裡熱血不斷沸騰，也令我的思緒有如華麗的色彩以及精緻的潑畫，兩種不同的氣韻交織成一幅驚奇而豐富的美麗畫布。

洪甫似乎已非用耳朵，
而是以心直接感受音樂的生命，
貝多芬命運交響曲中，
你更領略到成敗的真義，
或許是因你早已穿越時空，
搭上與他們的心靈連結了吧？ :)

用稿紙

給點不同的意見

家中有個對事事存疑的小紅衛兵，雖常讓我們的腦袋瓜打結，但我們「餘生」僅存的批判思考力，也只能靠他們來啟發了，這段路雖苦，但心靈是豐富的。

童話故事中的公主可以是胖的，王子可以不是威武的，那所讀的文章可不可以是寫得不怎麼樣的呢？

要能看出文章的好壞，可以說是思考的高階層表現，一般孩子如果沒經過提醒或訓練，很難達到這種水平。話說回來，咱們大人從小對各種訊息，均習慣被動的去接受，很少主動提出反駁意見，久而久之，便喪失這種批判的能力。現在即使學校提倡「批判性思考」訓練，但老師通常無法了解批判思考的本質，常常搞得孩子一頭霧水，師生間反而批評多於批判！

孩子無法有個人觀點，除了閱讀量不夠之外，其最主要問題在於思考模式僵化，沒有被引發，無法根據自己的經驗或當下所面臨的情緒問題，把它連結到相關主題中，如果沒有大人的介入，自身便無法做超乎個人經驗外的思考。

以小朋友熟悉的《灰姑娘》故事為例，《灰姑娘》中的仙杜瑞拉，在她套上遺落的玻璃鞋而成為「王子的新娘」的故事背後，隱藏的是嫉妒的主題，後母可能嫉妒仙杜瑞拉的美貌，基於保護自己女兒的心理，而百般虐待和貶抑她，而兩個姊姊也沒有傳統標榜的手足之愛，這與現實中，孩子與兄弟姊妹或同學間常有的嫉妒情緒，可說產生極大的共鳴。孩子如果沒有被引導往「嫉妒」的觀點做思考，他的想法便會停頓在平淡無奇、了無新意的框架中。

事實上，很多家長不喜歡孩子有太多的意見，總覺得有個愛批評的小孩，彷彿家裡養了個「小紅衛兵」似的，往往造成親子關係的緊張。事實上，批判不同於批評，他是思考的一種，能對文章或事實做出正確評判的過程。在這個多元價值社會中，慎思明辨的批判思考能力有助於釐清許多真相。

面對孩子，訓練批判能力，不需要有許多邏輯推理原則，只需在日常生活的對話中，加入不同意見的表達，或透過故事提問啟動他思考的馬達，漸漸就可以培養出批判能力的雛形。

我喜歡拿國小課本，從中找問題來「刁難」孩子，例如啄木鳥的故事：

「啄木鳥飛到樹林裡，停在一棵樹上。他看見這棵樹的葉子，有些變得又黃又乾。啄木鳥想，這棵樹也許病了，他要給樹治一治病，啄木鳥先用爪子抓住樹幹，再用長嘴在樹幹上敲一敲，他的樣子就像醫生給人看病。他敲到一個地方，發現聲音不同，知道裡面有了蟲，就把樹幹啄了一個洞，從樹洞裡拉出蟲子來吃，啄木鳥把蟲子吃了以後，沒過多久這棵樹就長出新的樹葉來，鳥真是樹的好醫生啊！」

講完這個故事後，我會問我們家的這一對帥哥酷妹：

「啄木鳥是真替樹治病嗎？還是為填飽肚子？」

「樹生病了，只要請啄木鳥來吃蟲就能治各種樹病嗎？」

「啄木鳥真是好醫生嗎？」

「樹長出新葉子，真是啄木鳥把蟲吃光了嗎？」

這些問題沒有標準答案，只是讓孩子從不同的面向去思考問題，而不是單方面接受「啄木鳥是好的樹醫生」這一個訊息。

除了故事之外，可以在平日親子互動間加入一些推理性問題：

「週末有時下雨，下雨總是令人心煩，所以……」

「晴天就不煩了，對嗎？」

「週末有時感到很煩，對嗎？」

這些傷腦筋的問題，就是在引發孩子表達思考，長期累積下來，他們對任何事物就會有質疑的習慣，腦袋瓜常常多轉兩圈，就會有批判的爆發力。

看完一本書後，在輕鬆自然的環境，隨時問上一句「你覺得如何呢？」

「為什麼你會這麼想？」

「如果你有一隻紅筆，你最想畫掉哪些地方？」

「如果你有一隻魔術棒，你最想變出什麼句子？」

如果孩子的回答是「不知道」，你可以縮小範圍，從簡單而具體的問題開始：「這一頁故事，你最喜歡哪一部分？為什麼？」

「有沒有你最想要學的句子，圖畫得好不好？你喜歡什麼？顏色？形狀？」

總之，以故事為主軸，延續彼此對話的長度，就是孩子思考的開始，有思考，批判就不遠矣！

對於所念的文章，如何做出批判？

可以請孩子說說每篇文章的優點，通常前幾次他們的回答都是「不知道」。慢慢給予提示，像是「你覺得哪一段寫得最精采？為什麼？」

「你覺得哪些句子你最喜歡？」

「整篇文章有沒有可以改變的地方？」

「如果你是魔術師，你想把哪些地方變不見，為什麼？」透過這些提問，讓孩子在反覆的讀和想之間，做個連結。對於一些優美的段落，可以用誇張的語調和肢體動作叫他們大聲朗讀幾次，增加記憶的強度，幾次下來，他們會對所讀過的文章感興趣、有感覺，也能夠表達自己的看法，甚至會有令人驚喜的回應！

洪輔在他小二升小三的暑期作業中，寫了一篇名為〈評論一本書〉的文章，便是針對文句作發揮，把他對句子的感受寫出來。（詳文於下一頁）

老實說，我很驚訝他觀察的細微，發現一些大人也想像不到的觀點，特別是用詞遣字，相當成熟，顯示出他的思考非常多樣化。至於最後對插畫的批評，可以看出是「為反對而反對」，表示自己也很有批判的功力罷了。

在往後的日子中，我們母子常常討論不同類型的文章故事，對於新聞時事常常針鋒相對，對於難懂的字句，我會用他的語言解釋一遍，再問他的看法，漸漸的，他的回答已從「不知道」變成許許多多的想法。

家中有個事事存疑的小紅衛兵，雖讓我們的腦袋瓜打結，但我們「餘生」僅存的批判思考力，也只能靠他們來啟發了，這段路雖辛苦，但心靈是豐富的。

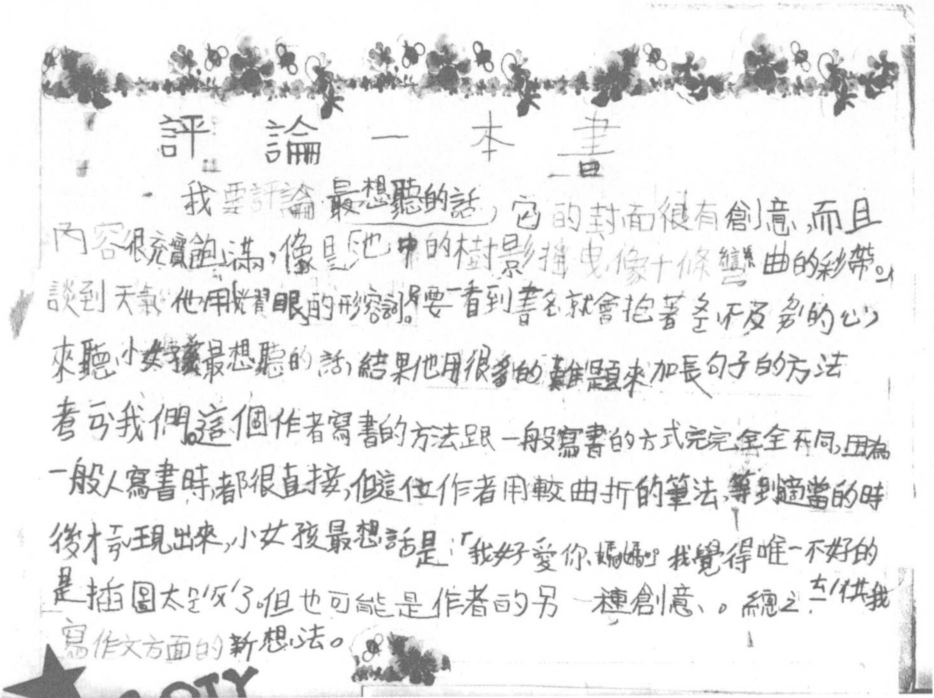
評論一本書

我要評論最想聽的話，它的封面很有創意，而且內容很充實飽滿，像是池中的樹影搖曳像十條彎曲的彩帶。談到天氣，他用耀眼的形容詞。只要一看到書名就會抱著迫不及待的心來聽小女孩最想聽的話，結果他用很多的難題來加長句子的方法考考我們。這個作者寫書的方法跟一般寫書的方式完完全全不同，因為一般人寫書時都很直接，但這位作者用較曲折的筆法，等到適當的時候才呈現出來，小女孩最想話是「我好愛你，媽媽」我覺得唯一不好的是插圖太空泛了，但也可能是作者的另一種創意。總之，它供我寫作文方面的新想法。

洪輔小二時寫的文章

白雪公主愛慕虛榮？

「洪輔，你可以看到女生長得漂亮就把她帶回家嗎？」
「你可以不問爸爸媽媽的意見，
就跟一個來路不明又不會講話的女孩結婚嗎？」
只見可憐的洪輔吮吸著大拇指，無辜的猛搖頭，
一個浪漫的童話故事就因此被毀了。

「很久很久以前……」通常是我們為孩子講童話故事的開始，孩子從這裡去勾勒他們的夢想，隨著小公主的誕生、壞後母的出現、王子的英雄救美，到最後「兩人過著幸福快樂的日子」的結局，孩子在閱讀童話的過程中，滿足了他們在現實生活中的冀求，最重要的是幫忙他們解決成長過程中必須面對的內心衝突。

在《灰姑娘》的故事中，兩位姊姊因嫉妒而對仙杜瑞拉做出種種惡劣行為，反應出日常生活中，兄弟姊妹間的「爭寵」事實，藉由這個故事可以幫孩子找到情緒的出口，讓他們覺得自己並不「特別壞」。孩子透過童話，為自己尋找脫困的靈感與智慧。

從小我就愛聽童話故事，孩子出生後也愛講童話故事，從聽到講都遵循類似的版本，從「從前……從前」到「幸福快樂的日子」一氣呵成，不曾有疑。直到有一天，洪輔三歲時，聽到爸爸為他講《天鵝王子》的故事：「從前有一個小國家裡，有一位皇后，竟然沒有知識的生下了十二位王子與一位小公主，因生了太多小孩，身體虛弱而病逝……」講到故事的高潮點，也就是英俊的王子在森林中遇到被魔咒附身而無法開口講話的小公主，驚為天人，決定娶她為妻，這時聽到洪爸爸話鋒一轉，問起兒子：「洪輔，你可以看到女生長得漂亮就把她帶回家嗎？」、「你可以不問爸爸媽媽的意見，就跟一個來路不明又不會講話的女孩結婚嗎？」只見可憐的洪輔吸吮著大拇指，無辜的猛搖頭，一個浪漫的童話故事就因此被毀了。

這樣的慘事也發生在小壯妹的身上，在每個小女孩隨著故事的起伏想像著白雪公主的仁慈與美麗，以及躺在玻璃棺與王子一吻定終身時，小壯妹還來不及從夢中陶醉醒來，就被爸爸問道：「小矮人不是警告白雪公主不准讓任何人進到屋內來嗎？為什麼她讓化妝成賣彩帶的後母進來？是不是她為了愛漂亮就忘記安全了呢？」、「那個王子是不是很沒智慧，只因為看到漂亮的女孩，就馬上要把人家娶回去？」

一連串的問題下來，小壯妹不服氣的為白雪公主辯駁，一來一往的答辯，那時將滿四歲的小壯妹，常會問我：「為什麼每次談到公主都只說公主是美麗的、漂亮的，為什麼都不說她們是有知識的，會流汗的（指的是努力）！」、「為什麼每個故事裡的女生從小就死了媽媽？為什麼不死爸爸？」、「為什麼爸爸娶的後母都很壞，然後爸爸都不管了？」一路問下來，我終於發現，啟迪孩子質疑能力的同時，便是家長苦日子的到來！

對於這些問題，我必須選擇一個聽起來還算合理的回應，或是花更多時間與他們討論。本來在他們還可以被騙的時期，好好講一個正版的童話矇混過關，大家一起作白日夢就沒事了，現在則是「自作孽」的做更多收尾的工作，最麻煩的是問題永遠沒完沒了，唯一稍感安慰的是，他們倆對於故事的人物角色多了一層人性化的顛覆功力，像是對故事中女主角的塑造，就認為太「膚淺」，不夠堅強，洪輔在寫一篇〈女主角的祕密廚房〉的心得裡，就充分反映出這一層看法。

當然，在現實生活中，他身邊的兩位女性——媽媽與妹妹，也建構了他對「女人是強悍」的具體意象，不管在文字上或行為上，他是不敢去「招惹」女性的。

到底如何看出每個童話故事背後隱藏的主題？如何提出問題引發孩子的思考？這些都沒有標準答案！每個人可以根據自己的經驗或孩子當下所面臨的情緒問題，連結到相關的故事情節中。

美國心理學家希爾頓・卡希登（Sheldon Cashdan）對利用童話故事幫助兒童成長有獨特的創見，他所詮釋的童話意涵，我覺得很有意思，可供父母在「詞窮」時參考：

1.《白雪公主》：是典型討論虛榮的故事。爸媽可以請孩子比較白雪公主與後母的差異，看看兩人哪裡一樣？哪裡不一樣？讓孩子自己察覺兩人其實對自己的外貌都很在意。

2.《國王的新衣》：可以問小孩有沒有為了要成為團體的一分子而聽從周圍小朋友的要求？或可問「當看到大人有錯時，小孩該講出來嗎？」

3.《小紅帽》：除了提出愛玩和貪吃會引發「安全」問題外，也可以讓孩子發現女性同樣可以是「足智多謀」的，因為靠小紅帽和她外祖母的智慧，最後制服了大野狼（格林兄弟版）。

4.《仙履奇緣》：這是討論嫉妒的主題，可以詢問孩子：「你覺得家裡誰最受到關愛？你的感覺是什麼？」也可以延伸到學校與同學間的競爭，「你有沒有被同學找過麻煩？」、「如果被欺負了你該怎麼辦？」

5.《傑克與仙豆》：這是以貪心為主題，可以請孩子想想，「為什麼傑克有了金豎琴後，還要爬上豌豆莖去偷巨人更多東西？」、「他是不是和巨人一樣貪心？」、「他為什麼只想拿別人的東西而不想工作？」可以藉機讓孩子從到玩具店的心態反映出自己「貪心」的本質。

童話故事人人愛聽，它讓我們想像另外一種生活，透過與自己不同的經驗故事，變幻出令人滿意的結局，激起樂觀的精神。另一方面，童話故事能夠幫助我們了解孩子內心的想法，透過隱藏在故事背後的主題，像是《白雪公主》講的是「虛榮」。在孩子聽完幾十遍原有的故事版本後，可加入問題討論，提出問題，讓他們去想想自身面對的問題。故事情境，即使他們無法用言語表達，但每個問題都會啟發他們的思考，促使他們不只是被動的接受訊息，而是主動動腦。

累積了夠多的「不知道」回答後，有一天，他會說出令你噴飯的答案，而你在歡喜之餘，也需要做好準備，那將是父母與子女間唇槍舌戰的開場，往後的日子不會有童話般的美妙結局，巫婆與惡魔將充斥在我們周遭，這就是啟發批判能力的代價，我們將會獲得「心靈成長」的報應！

談基測的苦難與啟示

看著我親愛的兒子，一個向來有著陽光性格，瀟灑隨性的男孩，還付出前所未有努力（與他自身的標準相比），竟然為他的成績哭了，世界到底怎麼了，在那一刻，我除了陪著他掉眼淚外不知還能做什麼。

從洪輔升上國三開始，我就陷入莫名的焦慮中，再多的教育學理也支持不了身為一位母親對現實的妥協。我深知學業成就並不是未來成功的唯一入場券，也理解明星高中不等於一個人智慧知能的總和，但如果連清潔隊員的考試都需附上學歷證明，我如何能免俗的只期望孩子能快樂的學習？那段時間陷入了教育理想與現實的掙扎中，最終發現，教育專家的頭銜僅是個表象，平凡的母親只能做出最平凡的選擇，那就是要求小孩全力拼上好高中，我一向主張的多元發展觀點，竟被自己給擊敗了。

洪輔的國中生涯相當「正常」，籃球每天打，大提琴每天拉，上網電視一樣不缺，雖有零星的補習，但都不影響其休閒，國中生的壓力在他身上並不明顯，直到他的母親開始恐慌時，他的好日子才漸次結束。

國二升國三的暑假，原本還算開放自由的學校就瀰漫了一股「肅殺」之氣，第一次模擬考的到來就揭序黑暗的來臨。洪輔過去的成績起伏不定，彈性空間可以從班上第一到第二十名，心臟要夠強才能承受他每次帶來的「驚喜」，但不管製造出什麼樣的結果，他往往不太在乎，而我彷彿「自告奮勇」的站上第一線去代他承接種種壓力帶來的焦躁。這似乎也是我們母子長期下來面對課業的模式，兒子一派瀟灑，母親捶胸頓足。

慣性模式也有被打破的時候，模擬考的全校排名，黑板上距基測倒數的日子，都迫使洪輔去接受十五歲的青春終究要抹上聯考的灰墨，過了這關才有色彩的延展。而我竟也淪陷其中，跟著模擬考及段考的時程「定期」緊張，甚至在每次考試接近時拒絕演講及其他外務，深怕一動就壞了平穩之氣，當年自己考聯考都不曾如此，比起過去，現在的升學管道更多元，一連串的教育改革，如果沒有先革掉父母的心態，做再多也是枉然，而我清楚的知道，自己跟其他的家長一樣，都是其中的共犯結構體。

看著洪輔埋首在書桌的時間延長了，頗感安慰的覺得，以他過去的聰明只要加點努力應在成績上會有所建樹，包括他自己也是這麼的「感覺良好」。第三次的模擬考放榜，結果是慘不忍睹，比他過去隨意念念成效更差。他開始對自己的實力感到懷疑了，而我對此除了鼓勵再加一點「口語上的指導」，也只能靜觀其變。

猶記得那時每次拿到成績單就忍不住說道「怎麼會考成這樣？下一次可不可考好一點」，他則拉下臉回應「哪一個小孩不想考好？就是沒辦法考好啊」，而下一句就是所有父母的經典台詞「你過去就是努力不夠，早就告訴過你了，現在可以做的就是用功再用功！」這種毫無建設性的對話只會把親子關係逼到臨界點，除了增加彼此日子的難過度，對成績的提升尋求不到任何的光點。

洪輔只能繼續的念下去，在寒假前的第四次模擬考成績一公布，他趴在書桌上哭了，拭著眼淚喃喃的說著：「我不知道自己該怎麼辦了？」看著我親愛的兒子，一個向來有著陽光性格，瀟灑隨性的男孩，還付出前所未有努力（與他自身的標準相比），竟然為他的成績哭了，世界到底怎麼了，在那一刻，我除了陪著他掉眼淚外不知還能做什麼。兩個人就這樣淚眼相對良久。

國三的苦難我們終於懂了。

顯然洪輔需要實質的協助了。

如果我只是站在旁邊對他的每次考試結果加以指責，或是換個方式全然的給予安慰和鼓勵，對他的情緒會有影響，但對成績的提振是無顯著差異的。此時分數是孩子信心的來源，我再不願意也須承認這個事實。

至此，我決定接受自己內在的聲音，以母親身分給予他最大的支持，以老師身分給予他學科上的支援。

洪輔五個考科中最弱的是社會科，他從小熟讀金庸及其他歷史小說，縱橫古今，但這些博雅知識轉換成考題就讓他頭痛不已，閱讀和背誦是不能畫上等號的。

那時的基測制度是，要上最好的高中，五個考試科目總共只能錯三至四題，還要包括至少兩科以上的滿分，而洪輔的模擬考，光是社會一科就錯上十題，以這種水平很難和明星高中沾上邊。

大概對社會科的挫敗感太重了，當我提議和他一起複習地理歷史公民，六個學期共十八冊的教科書時，他竟然同意了，而且彷彿是抓住大海中的浮木，眼神中出現了亮點。

我們利用寒假時間，一天一本課本，他念完後我逐章問他內容，都是來自書本裡的基礎概念，背了「死」知識，具備了最基底的籌碼，才能「活」用整合。整個寒假，母子一問一答，彼此「攙扶」，竟然在頗為愉悅的氛圍下共同讀完了十八本教科書，甚至平日抓住時間，他還會要求我問他相關問題，以確保他腦袋瓜記進去的訊息沒有遺失，這個過程最重要的是，我找到了協助的著力點，而洪輔也放心的知道，基測之路不必他獨行。

過去如果提出類似的共讀計畫，絕對招來白眼，我很識相的不會自取其辱，況且學習本來就該靠自己去摸索，這次是兒子感受到自己的不足，需要外援，我的涉入才有其意義。父母對孩子的學習往往不遺餘力，但當他們不覺得需要時，我們的關愛就是一種負擔，我的兒子教了我這一堂課。

寒假後的模擬考，他的社會科已從錯十題降至五題，這點進步讓我們雀躍，雖然整體的成績還是不怎麼亮眼，但起碼看見改變後的曙光，那是持續的能量。

接續仍有兩次的模擬考，根據「非正式」說法，最後兩次的成績最接近正式基測的分數，而洪輔的表現？哎，很慶幸這還是模擬考，自我安慰的說，該錯的都趕快錯完，上考場不要再犯錯就好，但可能嗎？

基測的全名是基本能力測驗，考核的是國中生基本的學科能力，但學校卻把它當做成就測驗，所設計的模擬考考題艱深難解，據說這樣面對正式考題才可以游刃有餘，殊不知這過程已抹殺掉多少學子的信心，失去了學習的動能。

最後一個月的時間，和洪輔討論，把課本最基本的概念重新複習，過去所有考卷錯誤的地方做出訂正，內在則與自己對話「我為什麼會錯？我那時是怎麼想的？」、「正確的答案是什麼？為什麼是這樣？」、「未來再遇到這類型的問題，我該如何避免犯錯？」，不斷的對所錯的題目做出反省，加深自己的印象，不要再去處理複雜或看不懂的新題目了，這是最後衝刺時間裡可以不要讓自己再挫敗的方式。

與他共讀之後，母子間的關係已從對立變為依附，我仍然緊張，但知道這種焦慮如果轉化為行為，對兒子沒有任何好處，只有化約為平穩，給他一個安全的氛圍，不去想後果為何，只問今天理解多少，甚至期待正式考試的來臨，因為我們已盡力的走過這一段路！

那一年的八月中旬，高一新生報到，洪輔的學校──建國中學！

他為自己創造了屬於他的亮眼青春。

幾個月後，洪輔被請回母校與學弟妹分享聯考經驗，他請我不要到場，如此他才可暢所欲言。我同意散場時去接他，因為比預定時間晚很久，忍不住混入人群中，看著兒子高坐台前，正巧一位母親提問「請問準備考試過程中，你覺得父母能為孩子做什麼？」，遠望著洪輔，他微笑的反問「你要的是官方說法還是真實想法？」，全場大笑，「一般說法是，給小孩愛心，餵飽他，不要管太多」，接著，洪輔停頓了一下，「我覺得父母最重要的是要給小孩勇氣，讓你的小孩知道他是可以的，我的媽媽在最後時間，即使再焦慮，但她還是挺我的，讓我覺得無論下場如何，我都可以不用害怕」，全場給予掌聲，我的淚水不自覺的滴落下來，這是我的兒子嗎？那個從小跟我針鋒相對，讓我抓狂至極的兒子嗎？那一刻，我將不會忘記，因為那是我身為母親永恆的榮耀！

學習之路是要由孩子獨力去探索與發現，但它可以不是單行道，在他們需要的時候，把它拓為雙車道，陪他們走一段，孩子將會走得更穩更有信心。

學習金鑰匙

有人天生積極，生到這種特質的小孩，
就可合掌稱謝，感謝老天所賜予的恩典，
但這種人只佔百分之三，
剩下的普羅大眾，就是注定這輩子與孩子纏鬥，
與之共舞，「享受」另一類的成長恩典。

每次基測學測放榜，媒體往往大篇幅報導滿分狀元的讀書方法，得到的最大公約數就是，上課專心聽講，有問題就弄清楚，預習複習，只要認真，有無補習都不是重點。這些金科玉律，看似簡單，人人可習，但大部分的孩子就是做不到，或是根本不想做，他們到底在想什麼？

問了兒子這個問題，他提起過去的「混」，是因為不想動，即使知道態度積極就可提升成績，但那實在累，人生是可以不要那麼嚴肅的。但後來為什麼又奮發圖強了一陣子呢？他的回答是，混久了，日子也沒特別新鮮了，做點踏實的事心裡好過點。他說混亦有道，平日功課不能不管，要維持基本盤，雖不符合媽媽的期望值，但又不致崩盤，這樣就可在訓誡囉嗦的夾縫中，仍保有自己的悠遊空間。等到某個時間點鬥志被激起，自己真的想讀書了，那時的衝力足可彌補空白的時光。

洪輔經過基測的洗禮後，對所謂的讀書方法才稍加抓住竅門。他「終於」發現，書本的訊息要進入小腦袋瓜，就一定要自己動手做整理，以課本為核心，念完幾次後做出筆記，考試前看到自己的筆跡，回想的速度會特別快，而且是經過自己整理的，整個成就感就出來了。

此外，多做題目也是必要的。很多專家認為，題海策略會讓學生淪為解題的機器，但面對基測這種只考選擇題的考試形態，多做題目就可增加對問題的熟練度，熟悉度可強化答題的信心。最重要的是，遇有錯誤的地方就回去翻課本，再思考再檢討，題目就是在固定的範圍變來變去，找出基本的核心概念，題型改變了也可迎刃而解。這些老生常談的讀書策略，他是在自己想讀了才會靜下心來執行。

所以整個問題還是在孩子的主動性。

有人天生積極，生到這種特質的小孩，就可合掌稱謝，感謝老天所賜予的恩典，但這種人只佔百分之三，剩下的普羅大眾，就是注定這輩子與孩子纏鬥，與之共舞，「享受」另一類的成長恩典。

那到底如何激發小孩的「主動性」？洪輔深沉的提起他的經驗。他剛上建中時，又回復了混的本性，一直跟著他的文武雙全封號在一群英雄豪傑中，與他完全沾不上邊。一次智慧鐵人大賽中，他與國小資優班同學組隊參加，到了會場才發現，班上前幾名同學也自組一隊，其中不乏他的好友，但卻沒人邀請他入隊。過去不論是小學或國中，這類型的比賽他一定是搶手人物，現在他卻不被看到，更直接的說，別人不把他當做可以競爭奪牌的一份子，兒子說，在那一刻，伴隨被看扁的感覺之外，鬥爭性也被激發出來了。沒有一個人想被當成次等人物，在班上搞笑或許可贏得友誼，但現實的夥伴關係仍賴實力。他甚至從這個事件聯想到，如果自己沒有足夠的知識籌碼，未來能做什麼？他的同學有的程式設計很強，有的就像生物百科全書般博學多聞，他則不過是個通才，什麼都不專精，未來如何有競爭的優勢？我沒有給予任何的答案，他會開始思考這個問題，本身就是一個最好的答案！

當鬥性被激發後，如何保有持續性，而不是逞強的如曇花那般一現即終？洪輔的做法是，在仍有「豪氣」時，努力拼一次成績，不管是段考還是模擬考，只要有一次成功的經驗，就能稍加證明自己的存在，往後即使成績不怎麼理想，仍能讓自己相信，個人本身能力是沒問題，可能是方法或其他的元素影響表現，甚至可以擴大解釋自己的好來迎戰每次的挫敗。他從網路上找來當年歌手趙傳的那首歌曲〈我是真的真的很不錯〉，遇到不如意時就在那裡吶喊，不斷自我「催眠」，讓自己還可以挺立下去。

對於家長可以在孩子學習上提供的，我家兩小都有相同的共識，爸媽可以「陪」，但不要「管」。小壯妹在有需求時，我可以擔任發問者的角色，像是從課本裡找出問題來問她，協助她做考前的複習。洪輔到現在仍感謝國中基測前，陪他一起讀社會科的點點滴滴。但可千萬別因此撈過界，質問類似為什麼數學計算的熟練度不夠，國文字詞字意沒搞懂之類的話，因為沒有一個小孩會在「為你好」的緊箍咒下，還能開心的跳進如來佛的手掌心，甘心被管還沒怨言。

我常在想，人類史上，從來沒有一代的人類這麼重視小孩的心理問題，也沒有一代的父母、師長與社會，願意給孩子這麼多物質上的關懷與支持，孩子在很正常的環境裡長大，不缺慈愛的父母，但他們不識界線，也不知挑戰為何物，經歷不到紀律與清楚領導的正面影響，父母為孩子鋪平所有的道路，那到底新的這一個世代還在煩惱什麼？父母親的著力點到底可以在那裡？

這個問題是我最近常和兩個小孩討論到的。

自從我「改過自新」，對洪輔的學習不再那麼涉入後，我們的對話才有了交集。他同意父母對小孩的行為約束是有其必要性，尤其是對線上遊戲及回家時間的管制。這個世紀父母親最難打敗的敵人就是網際網路。青少年的網路成癮，已是近幾年所有教育工作者及父母最不能迴避的議題。我的教授同事已把家裡電腦，從原本兒子的臥房，搬到客廳，再搬到自己的房間，現在是一出門就把終端線拔除放在自己的公事包，到了沒有大人的監督不准碰電腦的程度，原因無他，兒子在爸媽睡著後，玩線上遊戲玩到成績一半不及格，並為了買遊戲點數而向同學借貸。如果家長再不介入，那就是讓孩子濫用自由到不能收拾的地步。

現在的學校是年級越高，使用電子產品被限制的次數竟越少。

洪輔曾經在課堂上看手機的網路小說好幾個星期，導致成績好幾個紅字，據說這在班上大家習以為常，這個狀況讓我抓狂至極。

我以為給了他自主自由，他的行為就該是負責的，到了高中，我該是全然放手了，結果外界的誘惑仍是大於自己的克制力，這次在我做出任何處置前，洪輔就先繳出自己的新型手機，改用回最原始不能上網只能通話的第一支手機，並且認錯做出保證，直到現在他都沒再犯。他說國高中的學生，體內的犯罪因子都在伺機而動，除非個人很有自制力，不然就要靠外在環境的約制，媽媽的管教雖然煩人，但畢竟像是一種隱性的柵欄，可讓猛虎不出籠，只在限定區域為所欲為。他和小壯妹都認為，我背後的那雙眼睛讓他們背脊發涼，但也讓他們的行為有所依歸。日常生活中有個界線，其實過起來比較不浮躁，過多的自由，沒有適切的導引，反而無所適從，心理更加落寞空虛。所以管教有理！

他們請求上了大學可否放他們一馬，天知道所有的父母親多想卸除這樣的枷鎖，我們的人生何苦和他們綁在一起，我也在等待自己的春天重新到來，這些小猴兒們到底懂不懂我們大人更需要自由。

談到學習的其它策略，洪輔從自小的經驗也體會到，多把握機會參加任何的比賽，對自身的膽識是一個很好的磨練。有面對競爭的緊張經歷，往後遇到像基測學測這種三十萬大軍上考場的場面才不會亂了陣腳。他國中班上平日功課比他好的女同學，到聯考都中箭落馬，失常原因就是過於緊張。不管任何形態的比賽，多幾次挫敗經驗，都能讓自己有準備度，場面見多了就什麼都不怕了。除去緊張因素，就更能為承受自己真實的表現。

母子倆在談及這麼多的學習體驗，洪輔語重心長的說，爸爸媽媽能做的只是「鑿」出鑰匙的孔，只有小孩親自去轉動那把鑰匙，才能真正通往學習之路。

所有我們能夠做的，就是營造一個合理的環境，協助他們擁有任何形式成功的經驗，給予支持及賦予權利，然後呢？然後就都是孩子的事了！

第五篇

十年後的「完全惡媽守則」

惡媽進化論

那天問了兒子，惡媽如何可以「進化」，
他的回應很簡潔，
「進化就是從野蠻到文明，從一個不滿足到滿足」，
這是一句哲理，還是對我的期望？我陷入了沉思中。

〈完全惡媽守則〉這篇文章從發表到現在，在網路上廣為流傳，不拘泥於傳統對好媽媽的定義，給自己多一點喘息的空間，或許觸及眾多與我一樣，心力交瘁得要兼顧許多角色女性的心聲。

即使和惡媽化上了等號，我也甘之如飴。

從小到大，溫良恭儉讓這種好評語就不曾出現在我的學期成績單上，哪一

天發現身體不適懷疑是否得了絕症時，周遭朋友會「安慰」的說，「好人才不會長壽，你應該會長命」，既然我是如此表裡一致的「真實但非完好」，那就在這種本質下好好的應對不同角色所帶來的難關。

只是孩子大了，惡媽的教育守則當然也要順應潮流的做出調整。那天問了兒子，惡媽如何可以「進化」，他的回應很簡潔，「進化就是從野蠻到文明，從一個不滿足到滿足」，這是一句哲理，還是對我的期望？我陷入了沉思中。

我自認在孩子的成長過程中給予他們很大的空間，但要求及紀律也時時涉入，這也是一連串親子爭執的源頭，當他們的需求與你的要求抵觸時，要聽誰的？

壞後母與好媽媽是童話書中必要元素，只是好媽媽早早就消逝，獨留惡媽讓美麗的女兒去面對殘忍危險的世界，但這反而賦予女孩正向的力量，如果好媽媽仍在身邊，這些力量都不會被發掘，女孩謀生的奮鬥史也不會引發共鳴。童話中女孩被要求的是灑掃炊飯，不許展露美麗，現實中孩子被要求的可能是字體端正不玩線上遊戲，或是不要露臂露胸，違背孩子內在期望的，不管有沒有理，只要無法立即回應且還要加入要求的，就會落入惡媽的行列中，只有隨時滿足孩子才是孩子心目中的好媽媽。以我的「本性」而言，當惡媽絕對是必然的，況且如同話故事的情節一般，小孩都因此發展出獨立自學的能力，何樂不為。

只是隨著年齡漸長，當孩子越來越有自主能力時，惡媽還能如此自說成理嗎？

白雪公主或灰姑娘長大時，邪惡的皇后或後母對其迫害越顯無力，她們最後可以得到俊帥王子或其他貴人的協助，讓惡娘自食惡果。現實中的孩子，當然也可以在依賴與獨立間做出選擇，接受要求不是唯一的選項，和年幼無知的階段比起，起碼在自身的權益上可以有討價的空間。

惡媽如不體認這一點，在「適者生存」的自然定律下，不進化就會被邊緣化，終於惡媽也要做選擇了。

當孩子年齡小時，需要一些原則和規範來協助他們行為定向，過多的保護和寵愛，往往讓他們需要花更多時間去摸索且失去自身學習的能力，尤其獨生子女當道的時代，霸道與王道只有一線之隔，合理的要求與符合孩子的需求間勢必要取得一個平衡點。對我而言，滿足需求遠比設定要求來得容易多了，只是內心很清楚，如果不在「他律」的階段找到這個平衡點，孩子就很難轉化為「自律」，媽媽就必須不斷「盯場」，最後還得自行「退場」，這絕不是我們要的「下場」。

當孩子進入青春期之後，不管我們願不願意，他們的「重要他人」已轉為同儕，現在的網際網路也來參一腳，比我們更受青睞，如果還想參與他們的人生，惡媽的進化有其必要性。同樣的原則放在不同階段有著不同的意涵，惡媽守則可以為：

一、冷靜但不冷戰。

孩子的哭聲與尖叫往往讓我們失去定力，發生爭執時，我們要保持冷靜好讓大腦有運思的空間才能做出好的處置。但當孩子進入國中，他們不會用誇張的外顯行為來表達內在的不滿，代之而起的是不開口，拒絕溝通，任你像瘋婆子般嘮叨，即使撂下「不管了」的狠話後，面對他們的相應不理，又得忙著找台階下。可以冷靜但不要冷戰，來個三四天不講話的，青少年有自己的社交群，背著你透過簡訊或即時通，他那幫子朋友可以讓他們的鬱悶得到紓解，你不熟練這些科技，又不想家醜外揚，姐妹淘是來聽八卦不是來讓自己變八卦焦點的，和這群小猴兒冷戰，真是會憋死自己。

二、優雅但不憂愁。

任何時候不要隨便動怒，要保持優雅的氣度，尤其年歲漸長，自然狀況就會皮皺臉垮，如果再憂慮孩兒的基測學測成績，灰頭土臉的接送補習班間，攬鏡自照，容易把自己的疲態過度解讀為為兒犧牲，期望再加上焦慮，絕對不會讓自己有好心情，優雅不是做給人看的，而是維持內在的一種平衡機制，讓呼吸平穩舒緩，不致怒火攻心傷了健康，孩子成績好壞絕非操心就可解決，維持優雅是保有身心靈的協調，才能讓親子彼此少一些火藥，多一些微笑。

三、不多做但要多談。

孩兒尚小時，幫他們多做一點就是多剝奪一點他們自我學習能力。等到他們上了國中，看了他們的數學或物理化學課本，就會發現自己想幫忙解題也沒那個本錢了。我們的功用此時已不是在指導課業，也不是督促快去做作業，而是多談他們身邊的人地物，不問功課只問今天發生哪些有趣事，少年仔才願意把你當同夥。當然成績還是要私下偷偷看，我們當年國中功課也沒比他們好多少，討厭父母把分數掛嘴邊，現在何苦複製當年親子交戰的劇本，孩子成績很重要，溝通無礙更重要，多談多了解，孩子的信心來自我們的支持，不管你最在意的問題是什麼，能談下去才是我們必須面對的課題。

四、不同情但有溫情。

幼兒會用淚水留住我們不要離開，青少年會想很多策略讓我們快快轉身，不同情他們的小錯小誤，他們才有機會大澈大悟。國高中如果犯了錯，學校都以警告伺候，雖可以用愛校打掃來銷過，但警告兩個字足以讓憂慮的父母抓狂到想辦法關說了。研究顯示，青少年犯錯如不謹慎處理，是未來社會犯罪的大宗，他們是一群會思考且有決定權的孩子，作弊，說謊，霸凌，網路黑函這些小動作都是他們自主性的決定，我們要探究做這些事情背後的原因，現在的青少年往往不知道怎麼表達內在的感覺，協助他們講出心中的壓抑與不安，任何一個危機也會是個轉機，就看你怎麼出手，不同情是個原則，有溫情是個態度，兼顧兩者才能讓孩子坦然面對自己的錯誤。

五、不妥協但可協商。

過去小孩是用哭鬧迫使我們妥協來達到他們的目的，現在的大孩子是偷偷的，不問我們意見的就挑戰我們的底線。「上網多久是合理的」就是親子大戰的最夯議題，說好做完功課才可玩半小時，一轉身或人不在，手機或電腦螢幕已等不及的湧入很多訊息，你如果因為他們違反規定而禁止上線，親子交戰的熱烈程度大概勝於任何一階段。斷了網路等於斷了他們的生活方向，絕了他們的社交網絡，他們絕對抗爭到底，但妥協了，你的原則就被步步逼退。面對這群可以用理性爭辯的大孩子，可嘗試由他們先提出計畫，根據自己的成績狀況訂出可以休閒的條件，且明定萬一違規後的處置，你當然可加入自己的意見，所謂協商就是雙方取得一個最大的公約數，如此一來，孩子自覺擁有自主權，遵循的意願會較高，網路是本世紀最大的殺手，我們敵不過它只能面對它，與之和平相處才是上策。

六、不動口但動手。

過去我們強調讓孩子自己動手做作業，大人不要插手去幫他們完成未竟事項。當孩子進入國中後，除了參加學校日，否則連學校大門都難得進出，孩子也少開口尋求協助。大人因沒機會介入反而心生疑惑，開口就是考得如何，補習班好不好，尤其接近大考階段，全家真是烏雲籠罩，連喘息都困難。面對這群壓力夠大的孩子，少開口問功課，黑板上都有大大的數字提醒學生還有多少天要上考場，不勞我們費心，擔心的話就採取行動，在他們同意之下，共同討論讀書計畫表，聽他們背古文，還可以考考社會科的大綱內容，或傾聽他們對學校的不滿，不想涉入學業，那就切水果煮好吃營養的，溫暖他們的胃，這些動作都會讓孩子感念在心，關鍵時刻就只做讓人感謝的事，和分數有關的事就都封口吧。

七、放手不縮手。

孩子本身就是一個獨立的個體，這點是不分年齡的，尤其是青少年，他們與父母的爭執大都來自權利的爭取，不想被掌控，想當自己的主人，卻不介意在同儕中當個跟班，因為他們需要在社群中被認同，這是發展的必然性，我們必須了解這點。需要放手但不能縮手，退一步的觀察是有其必要性，基本的紀律及原則還是必須遵守，現在的孩子即使給他們路去選，他們還不知該如何判斷，大部分的孩子沒有想法，只能從眾。我們無法在這階段大膽的說「孩子你放心去飛」，要飛前也要先指引方向，等羽翼豐富且能探風觀象，我們才能全然縮手完全放手。

八、不用交心但要交流。

孩兒尚小時會拉著你講述生活的點點滴滴，你也習慣彼此的交心，但青春期孩子開始重視自己的隱私甚於對你的坦白，他們可能為了要更多的獨立與自主，也可能為了避開不必要的干擾，親子之間要坦露到什麼程度與彼此的信任度有關，我們不用事事都開誠布公，但起碼可以做到讓家庭的氛圍是可以安全的討論事情，允許彼此的情緒是流動的，不管大人或小孩，都可以表達自己的憤怒、厭倦及失望，當孩子願意與你分享不易啟齒的訊息時，你已證明自己是個成功的父母了。

當個「真實」的媽媽遠比「好」媽媽和「壞」媽媽來得複雜多了。

面對青春期的兒女，惡媽守則應進化得更具人性了，起碼行為上是從「野蠻」過渡到了「文明」，心態上是否從「不滿足」到「滿足」？正確的說法應是，經過這麼長時間的親子磨合，看到孩子在我的惡行惡言下還能茁壯發展，應該「知足」了。

誠實面對自己處理孩子問題的種種感覺，即使時空背景已改變，我的結論仍是相同的——忠於自己，「好與壞」隨人界定，我們要的是屬於自己的人生！

後記

改寫這本書，劃下最後一個句點，此時洪輔掛著耳機埋首在書桌前，將自己獨立於音樂世界中，不管外界的紅塵喧擾，他是升上高三的大男生了。小壯妹則是決定留在美國舊金山進入八年級就讀，這是一個艱難的決定，她意志堅定的想到不同的環境接受更多元的挑戰，這當然源於爸爸工作的轉換，讓她有此機會，父女倆會擦出什麼火花，老實說，我也很期待，說不定那是下一本書的起稿點。這本書停停改改歷經多年，除了工作繁忙，疏於動筆，記錄那一筆筆親子衝突的過程，心中仍難免激動。孩子的確是上天派來磨父母心志、勞父母筋骨的，我們無法從他們活出另一個自己，但卻在他們身上看到過往的自己，或許我們討厭自己身上的某個「劣根」，或者受夠了另一半的某種性格傾向，但卻在孩子身上看到這些「似曾相識」的行為及性格，我們急於「修正」，希望他們「跳過」我們曾經虛耗的階段，而「準確」的達到我們想達到卻未達到的目標，或者「塑造」他們使其擁有我們渴望但卻無法有的人格特質，寫這本書時，我不斷看到自己的矛盾及掙扎，一連串的親子交戰歷程，無非是另一段自我探索之路。面對孩子，我必須承認自己的不足，也因為他們，我才能看到另一個自己。

讀完這本書，你或許會「深有同感」，也或許會「另有想法」，母職經驗本來就是在共通中存有差異，我只是誠實的分享育兒歷程中美好與沮喪的感覺。和所有的母親一樣，我們都很正常，雖常抓狂，但絕不瘋狂。教養孩子是件麻煩的事，然而整個人生就充滿了許多的麻煩，我們不能規避我們的人生！

書寫完了，頓時覺得有某種失落，就好似翻開童年相簿追憶過往美好一般，現在我必須闔上記憶，將過去與孩子生氣吵架所沉澱的反省，化約為籌碼，知道何時該吵個有「建設性」的架，何時該「保本」，不要動氣傷身，做個有智慧且心境自由愉悅的媽媽。

我家的帥哥壯妹都將步入他們生命的另一個嶄新的歷程，回首陪伴他們的過程，心中仍是無限個感恩。雖是常常被氣得半死，但仍愛他們入骨。有了他們，我的人生處處充滿驚喜，在不同階段，隨著他們的發展而有不同的學習，且要隨時準備好接招，這種豐富的歷程和挑戰，真是所有父母獨一的恩典，我不知他們是否因有我而越來越好，但我的確因有他們而越來越完整。孩子的成長之路，我們彼此加油！